Statistique, Comptabilité et Finance : La Synergie de La Bonne Gestion et du Succès d'Une Entreprise

Dr. Désiré S. Luamba
Dr. Joel Chagadama
Dr. Edouard Mutamba Mwema

Title: Statistique, Comptabilité et Finance : La Synergie de La Bonne Gestion et du Succès d'Une Entreprise

ISBN: 979-8-89248-362-9

Author: Dr. Désiré S. Luamba, Dr. Joel Chagadama,Dr. Edouard Mutamba Mwema

Cover image: https://pixabay.com/

Publisher: Generis Publishing
Online orders: www.generis-publishing.com
Contact email: info@generis-publishing.com

Generis
PUBLISHING

Statistique, Comptabilité et Finance : La Synergie de La Bonne Gestion et du Succès d'Une Entreprise.

1. **Dr. Désiré S. Luamba**

Docteur en Business et Administration (DBA)-Finance, Vice-Président et Directeur Général, Start Light Consulting LLC, Manassas, VA-USA

https://orcid.org/0000-0001-5138-1550

Email: luambade@gmail.com and Desire@gobrightstar.com

2. **Dr. Joel Chagadama**

Docteur en Business et Administration (DBA)-Finance, Président, Start Light Consulting LLC, Manassas, VA-USA

https://orcid.org/0000-0002-7253-6977

Email : Jchagadama@hotmail.com

3. **Dr. Ir. Edouard Mutamba Mwema**

Docteur en Philosophie (PHD)-Métallurgie, Professeur Émérite, Université de Lubumbashi

Lubumbashi- République Démocratique du Congo (RDC)

Email: eddymmd@gmail.com and Emwemamutamba@hotmail.com

Des Auteurs

Chers lecteurs,

Pourquoi ce livre ? Les auteurs ont travaillé dur pour produire et fournir ce matériel pratique aux chercheurs, aux étudiants et aux chefs d'entreprises. Ce livre contient des fonctionnalités pour vous aider à apprendre ou à comprendre les principes de base de la statistique, de la comptabilité et de la finance, les trois piliers de la gestion et comment ils peuvent être utilisés pour soutenir le succès d'une entreprise ou d'une organisation. Les principes, exemples et études des cas illustratifs appliqués dans ce livre sont également utiles, quoi que vous les utilisiez dans des organisations de grande, moyenne, ou petite taille à but ou à but non lucratif. Notre but ici est d'aider nos lecteurs à atteindre leurs objectifs personnels et organisationnels et à bâtir une image positive du business pour leurs organisations.

Bonne chance à vous tous de lire ce livre et d'apprendre à partir de ce livre. Nous espérons que vous apprécierez cette réalisation et que vous vous retrouverez impliqué dans cette expérience. Nous pouvons attester que bien que n'étant pas un cours de statistique, comptabilité, et finance, vous ne serez pas déçu de cette œuvre et n'hésitez pas à nous contacter pour toute suggestion ou question que vous pourriez avoir.

Les auteurs,

Prof. Dr. Désiré S. Luamba

Prof. Dr. Joel Chagadama

Prof. Dr Ir. Édouard M. Mwema

Engagement des Auteurs

Apprentissage. Innovation. Succès

Dr. Désiré S. Luamba

Le Dr. Désiré Luamba a travaillé dans le monde du business et de finance pendant de nombreuses années. Dr. Désiré Luamba est titulaire d'un Doctorat en Administration des Affaires (DBA-Finance) de Walden University aux USA, d'une Maîtrise en Administration des Affaires (MBA-Finance) de Strayer University aux USA et d'un baccalauréat ès sciences (BS-Statistiques) de l'Institut Supérieur des Statistiques/ISS-Lubumbashi en R.D.C. Son expérience professionnelle comprend l'utilisation des outils financiers et statistiques pour la prise des décisions comptables, budgétaires et financières à long et à court terme. Il conseille les entreprises dans l'analyse des coûts, des questions comptables, des problèmes d'affaires et des états financiers. Il réalise également des travaux d'audit et élabore des plans et modèles des affaires basés sur des stratégies d'innovation et de diversification. Il a enseigné les cours des finance, statistique, recherche opérationnelle, et comptabilité pendant de nombreuses années. De plus, il a publié de nombreux articles consultables sur les sites Internet Google Scholar, Academia, ResearchGate, et ORCID. Il adore enseigner, faire de la recherche et jouer au tennis. Il a aussi suivi de nombreuses formations en gestion d'entreprise, Cybersécurité, planification, leadership, gestion des projets, et en audit des affaires.

Dr. Joel Chagadama

"Il ne s'agit pas d'avoir les bonnes opportunités. Il s'agit plutôt de bien gérer les opportunités." - Mark Hunter. Le Dr. Joel Chagadama est un directeur financier accompli et chevronné avec plus d'une décennie d'expérience. Son expérience réside dans la gestion d'équipes en développant et en mettant en œuvre des procédures et des systèmes financiers stratégiques tout en établissant des processus opérationnels efficaces pour favoriser la réussite de l'entreprise et contrôler les coûts. De plus, son expertise comprend :

- La gestion financière et comptable, y compris les analyses financières, la comptabilité, la diligence raisonnable, la planification stratégique des activités, les prévisions, le reporting, l'analyse budgétaire et la gestion des risques pour accélérer la réussite globale d'une entreprise.
- Le leadership financier de niveau exécutif pour plusieurs sortes d'entreprises, y compris la réorganisation et l'amélioration continuelle des processus de gestion du personnel et des systèmes internes pour obtenir des résultats dynamiques.
- Le développement des politiques et procédures financières pour l'amélioration des flux de trésorerie et la réalisation des économies à fort impact.

Son leadership remarquable et ses compétences interpersonnelles l'aident à communiquer avec les hautes directions des entreprises. Il est confiant dans sa capacité à fournir des résultats impeccables grâce à son dévouement à gérer de multiples fonctions et activités dans des environnements à hauts risques avec des délais serrés. Le Dr. Joel Chagadama est titulaire d'un Doctorat en Administration des Affaires (DBA-Finance) de Walden University et d'une Maîtrise en Administration des Affaires (MBA-Finance) de Strayer University aux USA.

Dr. Ir. Edouard M. Mwema

Le professeur émérite Dr. Edourad Mwema Mutamba est une personnalité éminente dans le domaine du génie civil, spécialisé dans la métallurgie et le management. Avec plus de deux décennies de service dévoué dans la recherche universitaire, il a laissé une marque indélébile dans le domaine par son enseignement, ses recherches et son leadership.

Tout au long de son illustre carrière, le professeur Edouard Mwema a servi de phare de la connaissance, transmettant sa sagesse à d'innombrables étudiants d'universités et chercheurs. Son approche pédagogique est ancrée dans la conviction que l'éducation doit être fondée sur des applications du monde réel, permettant aux chercheurs et aux universitaires de naviguer dans les complexités de leurs disciplines avec précision et perspicacité.

Auteur prolifique, il a largement contribué à la littérature scientifique. Ses publications scientifiques dans les revues internationales et d'autres sources réputées telles que Google Scholar, ResearchGate et Acadamia, constituent des ressources inestimables pour des professionnels cherchant à approfondir leur connaissance de la métallurgie en génie civil.

Au-delà de l'enseignement, son expertise s'étend aux rôles de leadership et de conseil, où il défend des stratégies innovantes pour améliorer la fiabilité et l'efficacité des études dans son domaine. Les hauts dirigeants et les gestionnaires des entreprises sollicitent ses conseils pour optimiser l'efficacité et la promotion de leurs sociétés.

Malgré son emploi du temps chargé, le professeur Dr. Edouard Mwema trouve du réconfort dans la recherche et l'amour du tennis comme sport. Ces activités rajeunissent non seulement son esprit, mais soulignent également son engagement envers l'apprentissage tout au long de la vie et le bien-être holistique.

Essentiellement, le professeur émérite Dr. Edouard Mwema incarne l'essence de l'excellence académique et de la gestion professionnelle, laissant un héritage durable qui continue de façonner le paysage du génie civil et au-delà.

Remerciements

C'est avec gratitude et appréciation que nous adressons nos remerciements à tous ceux qui nous ont soutenus dans l'élaboration et la production de ce livre.

Cet effort n'aurait pas été possible sans le soutien et les encouragements indéfectibles de tous nos collègues, encadreurs et amis. Votre soutien et vos conseils ont joué un rôle déterminant dans l'élaboration du contenu de ce livre, ce qui en fait une ressource précieuse tant pour les entreprises que pour les étudiants et les chercheurs.

À nos estimés pairs et collègues chercheurs, merci pour votre collaboration et vos précieuses suggestions. Vos contributions ont enrichi le contenu de ce livre, reflétant des perspectives diverses et des connaissances de pointe dans les domaines de la statistique, de la comptabilité et de la finance.

Nous remercions tout particulièrement les entreprises et les organisations qui ont généreusement partagé leurs informations pour les cas illustratifs et leurs expériences concrètes. Vos exemples pratiques ont ajouté et apporté de la profondeur et de la pertinence à ce livre, offrant ainsi aux lecteurs des leçons et des inspirations précieuses.

À notre équipe diligente d'éditeurs, de correcteurs et de concepteurs, nous sommes reconnaissants pour vos efforts méticuleux visant à garantir la qualité et la clarté de cette œuvre. Votre souci du détail et votre dévouement à l'excellence ont joué un rôle essentiel en rendant ce livre accessible et convivial.

Nous sommes reconnaissons également du soutien de nos familles (Luamba, Chagadama, et Mwema), et de tous nos proches, qui nous ont soutenus avec un encouragement et une compréhension inébranlable tout au long de la création de ce livre. Votre amour et votre soutien nous ont constamment motivé, nous poussant ainsi à mener à bien ce projet.

Nous exprimons également notre plus profonde gratitude à nos lecteurs, entreprises, étudiants et chercheurs qui embarqueront avec nous dans ce voyage d'exploration. Nous espérons que les connaissances et les idées partagées dans ce livre inspireront l'innovation, la créativité et le progrès dans vos efforts respectifs.

En conclusion, nous remercions chaque personne qui a contribué à la création de ce livre, directement ou indirectement. Votre soutien et votre engagement ont transformé une idée en une réalité tangible, et nous sommes vraiment reconnaissants pour votre rôle en faisant de « **Statistique, Comptabilité et Finance : La Synergie de La Bonne Gestion et du Succès d'Une Entreprise** », une ressource précieuse dans la poursuite des connaissances et de l'excellence.

Avec nos sincères remerciements,

Prof. Dr. Désiré S. Luamba

Prof. Dr. Joel Chagadama

Prof. Dr. Ir. Edouard M. Mutamba

Table des matières

Acronymes & Abréviations

ACP	Analyse en Composantes Principales Autorégressive
BBZ	Budgétisation Base zéro
CMPC	Cout Moyen Pondéré du Capital
CPP	Compte de Profits et Pertes
CSI	Comptabilité des Systèmes d'Information de Gestion
DAR	Debt to Asset Ratio
DG	Directeur General
DMV	Washington DC, Maryland, and Virginia
DO	Directeur des Operations
EPS	Earnings per Share
FER	Fundraising Efficiency Ratio
GAAP	Generally Accepted Accounting Principles
ISC	International Salvation Council
KPI	Key Performance Indicators
LLC	Limited Liability Company
MMIA	Moyenne Mobile Intégrée Autorégressive
NIIP	Normes Internationales d'Information Financière
ONG	Organisation Non Gouvernementale
OPM	Optimisation Moteur de Recherche
PCGR	Principes Comptables Généralement Reconnus
PIB	Produit Intérieur Brut
PSC 7-ELEVEN	Philippine Seven Corporation 7-Eleven
ROA	Return on Asset
ROE	Return on Equity
ROI	Return on Investment
SEC	Securities and Exchange Commission
SEO	Search Engine Optimization
SROI	Social Return on Investment
TRI	Taux de Rendement Interne
VAN	Valeur Actuelle Nette

Résumé Général du Livre

Introduction Générale

Disposer d'outils de gestion appropriés et pratiques est devenu une préoccupation majeure pour les dirigeants d'entreprise qui souhaitent réussir, et cela en raison des impacts de la mondialisation et des progrès technologiques sur les opérations d'affaires. De nombreuses études ont montré que la mondialisation et les progrès technologiques ont accru la compétitivité et ont suggéré qu'une approche stratégique basée sur les données issues de la statistique, de la comptabilité et de finance était primordiale pour la survie des organisations[1]. Ensuite, la maîtrise des disciplines tel que la statistique, la comptabilité et la finance, trois piliers essentiels de gestion, est devenue une solution contribuant à l'atteinte des objectifs organisationnels. Les trois disciplines forment un trio puissant qui aide les gestionnaires d'organisation à prendre des décisions éclairées, à optimiser les opérations et à favoriser la croissance[2]. Les organisations peuvent atténuer les défis de gestion et saisir les opportunités pour atteindre leurs objectifs en explorant les enseignements de la statistique, en maintenant de saines pratiques comptables et en instaurant le bon sens financier.

Ce livre explore le rôle crucial de la statistique comme science et des statistiques comme données, de la comptabilité et des finances dans la réussite organisationnelle des entités à but lucratif et non lucratifs. Les auteurs ont exploré comment ces disciplines se complètent et créent un cadre cohérent pour une gestion efficace. En comprenant l'importance de la prise de décision basée sur les données, du suivi et de l'analyse précis des transactions financières et de l'allocation stratégique des ressources, les dirigeants ou gestionnaires d'entreprises peuvent optimiser leurs performances et s'aligner sur la mission et vision de leurs organisations.

Les auteurs ont illustré l'impact de l'intégration de méthodes statistiques dans la planification, la prévision et l'évaluation des risques à travers des exemples concrets et des études des cas illustratifs. Nous examinerons également le rôle central de la comptabilité pour fournir une image financière claire, garantir le respect des normes réglementaires et favoriser la transparence et la responsabilité au sein des organisations. En outre, les auteurs ont exploré et présenté comment

[1] Harrou, F., Sun, Y., Hering, A. S., & Madakyaru, M. (2020). *Statistical process monitoring using advanced data-driven and deep learning approaches theory and practical applications*. Elsevier.
[2] Raval, V. (2020). *Corporate governance: a pragmatic guide for auditors, directors, investors, and accountants*. CRC Press.

l'expertise financière facilite la budgétisation, les décisions d'investissement et l'optimisation des structures de capital pour une croissance durable. À la fin de chaque chapitre, vous trouverez quelques tests pour évaluer la compréhension de chaque chapitre.

Rejoignez-nous dans ce voyage pour découvrir le potentiel de transformation de la statistique, de la comptabilité et de la finance pour propulser les organisations à but lucratif et non lucratif vers un succès à long terme. En adoptant ces disciplines et en les intégrant dans leurs pratiques de gestion, ces organisations peuvent atténuer les risques d'incertitude, maximiser l'efficacité et favoriser une culture d'amélioration continue qui profite en fin de compte à toutes les parties prenantes impliquées dans le succès et la viabilité de l'organisation.

Section 1 :

Aperçu d'une Organisation, de la Statistique, la Comptabilité, and la Finance

Chapitre 1

Aperçu d'une Organisation

1.1 Introduction

Les organisations ou les entreprises sont des piliers du progrès et de l'innovation, ayant un impact sur le monde grâce à des activités dynamiques qu'elles offrent. Les organisations doivent être des entités dynamiques dirigées par un leadership visionnaire et des efforts collectifs. Les organisations ou les entreprises sont l'épine dorsale de l'économie qui façonnent les initiatives et influencent les sociétés[3]. Chaque organisation représente un écosystème unique qui rassemble divers talents, ressources et idées pour poursuivre des objectifs préalablement déterminés.

Les organisations jouent un rôle crucial dans le façonnement de l'économie et de la société et peuvent être globalement classées en deux types principaux : **les organisations à but lucratif** et **à but non lucratif**. Les organisations lucratives ou corporatives sont motivées par la recherche du profit et de la valeur actionnariale, tandis que les organisations non lucratives servent un objectif social ou humanitaire. Malgré leurs objectifs, les organisations partagent un besoin commun d'utiliser la statistique, la comptabilité et la finance dans leur système de gestion[4].

Dans les deux cas, une gestion efficace est primordiale pour le succès et la durabilité d'une organisation. La statistique, la comptabilité et la finance constituent la pierre angulaire de la prise de décision, permettant aux organisations d'évaluer et d'améliorer leurs opérations.

Tout au long de cette exploration, nous découvrirons ce qui fait le succès des organisations, la capacité d'adaptation pour innover et la résilience qui leur permet de surmonter les défis. Nous découvrirons également comment les organisations fonctionnent comme des écosystèmes complexes où les

[3] Turner, P. (2022). *Complementarity in Organizations: Strategy, Leadership, Management, Talent, and Engagement in the Fourth Industrial Revolution.* Springer Nature.
[4] Dicke, L. A., & Ott, J. S. (Eds.). (2023). *Understanding nonprofit organizations: Governance, leadership, and management.* Taylor & Francis.

départements collaborent harmonieusement et où les individus apportent leurs compétences uniques pour atteindre un objectif collectif.

De plus, les organisations sont bien plus que de simples entités génératrices de profits. Beaucoup adhèrent à la responsabilité d'entreprise, défendant la durabilité environnementale, le bien-être social et les pratiques éthiques des affaires. Elles aspirent à être des agents de changement social positif, faisant une différence non seulement sur le marché du business mais aussi dans la vie de leurs employés, de leurs clients et de la communauté mondiale.

Rejoignez-nous pour découvrir le rôle des organisations, leurs complexités, leurs structures, la dynamique de leur leadership et la vision qui les propulse vers leur avenir. Des hiérarchies traditionnelles aux systèmes innovants, des entreprises familiales aux géantes, chaque organisation apporte son empreinte unique au paysage diversifié du monde des affaires ou du business.

En parcourant l'environnement naturel d'une organisation, nous rencontrons des cas de succès, de défis, de persévérance et d'innovation, ainsi que des témoignages de l'impact profond que cela crée. Etant donné que les organisations naissent des aspirations d'esprits visionnaires, les auteurs se sont concentrés sur la manière dont les organisations devraient continuer à façonner notre monde, en laissant un héritage de croissance, de progrès et de transformation.

1.2 Qu'est-ce qu'une organisation ou une entreprise ?

Une organisation est une entité créée et structurée pour atteindre des objectifs spécifiques, effectuer des tâches définies ou fournir certains services. Une organisation rassemble des personnes, des ressources et des processus pour travailler vers des objectifs communs de manière efficace et efficiente. Le rôle principal d'une organisation est de coordonner et d'aligner diverses activités, ressources et individus pour réaliser sa mission et sa vision[5]. Cette coordination permet la spécialisation, la division du travail et l'utilisation des ressources pour optimiser les résultats.

1.3 Types d'Organisations

Les organisations peuvent être globalement classées en deux types principaux :

[5] Chagadama, J. (2022). *Small Construction Business Owners' Strategies to Reduce Voluntary Employee Turnover* (Doctoral dissertation, Walden University).

1. **Les organisations à but lucratif** : Les organisations à but lucratif sont des entreprises créées pour générer des bénéfices pour leurs propriétaires ou actionnaires. Les organisations à but lucratif sont généralement des sociétés privées, des sociétés cotées en bourse, des partenariats et des entreprises individuelles[2]. Leur objectif est de créer de la valeur pour leurs actionnaires en proposant des biens ou services à des prix supérieurs et aux coûts réduits. L'excédent de revenu généré est réparti entre les propriétaires sous forme de bénéfice.
2. **Les organisations à but non lucratif** : Contrairement aux organisations lucratives, des entités à but non lucratif sont créées pour remplir des missions sociales, éducatives, caritatives, religieuses ou humanitaires. Leur objectif principal n'est pas de générer du profit. Au lieu de cela, elles réinvestissent les revenus excédentaires dans leurs programmes et services pour poursuivre leur mission. Les organisations à but non lucratif sont souvent des organisations exonérées d'impôt, qui dépendent de dons, de subventions et d'autres sources de financement pour soutenir leurs opérations et leurs activités.

1.4 Taille des Organisations

Les organisations peuvent être largement classées en fonction de leur taille et de l'échelle de leurs opérations. La taille d'une organisation est généralement déterminée par des facteurs tels que le nombre d'employés, les revenus générés, la présence sur le marché et la complexité globale de ses opérations[6]. Les trois principales catégories d'organisations en fonction de leur taille sont les grandes, les moyennes et les petites.

1. **Grandes Organisations** : Les grandes organisations se caractérisent par l'ampleur de leurs opérations, leurs ressources et présences étendues sur le marché. Ces entités emploient généralement un grand nombre de personnes et génèrent des revenus substantiels. Les grandes organisations opèrent souvent dans plusieurs régions ou pays et peuvent avoir des secteurs d'activité diversifiés. Elles sont généralement bien établies et ont une forte présence de marque. Les grandes organisations comprennent des sociétés multinationales comme **Apple, Microsoft, Toyota, Walmart, Amazon**, etc. Elles disposent également d'une structure organisationnelle complexe avec différents départements et niveaux hiérarchiques, leur permettant de

[6] Luamba, D. (2019). *Strategies small business owners use to remain sustainable* (Doctoral dissertation, Walden University)

gérer des opérations étendues et de servir une vaste clientèle. Aux États-Unis, les grandes organisations génèrent plus d'un milliard de dollars et emploient au moins 500 salariés.

2. **Moyennes Organisations** : Les organisations de taille moyenne, également appelées moyennes organisations se situent entre les grandes et les petites organisations. Elles sont plus importantes que les petites entreprises, mais pas aussi vastes ni aussi complexes que les grandes entreprises. Les organisations de taille moyenne ont généralement un nombre d'employés et un chiffre d'affaires modérés. Elles peuvent opérer dans une région spécifique ou un marché de niche. Ces organisations ont souvent une structure organisationnelle plus flexible que les grandes, ce qui permet une prise de décision et une adaptabilité plus rapide. Les moyennes organisations comprennent des entreprises manufacturières régionales, des chaînes de vente au détail local, et des prestataires de services spécialisés tels que les cabinets juridiques, d'assurances, comptables ou financiers. Aux États-Unis, les entreprises de taille moyenne génèrent un chiffre d'affaires compris entre 10 millions et 1 milliard de dollars et comptent plus de 50 employés[1].
3. **Petites Organisations** : Les petites organisations se caractérisent par leur échelle d'opérations limitées, leur effectif relativement restreint et leur présence plus localisée. Ces entités ont généralement des revenus inférieurs à ceux de grandes et moyennes. Les petites organisations sont souvent des entreprises entrepreneuriales ou familiales qui s'adressent à des marchés ou des niches locales spécifiques. En raison de leur taille, elles sont souvent plus agiles et peuvent réagir rapidement aux évolutions du marché. Les petites organisations peuvent avoir une structure organisationnelle plus plate avec moins de bureaucratie, facilitant ainsi la communication directe entre la direction et les employés. Des exemples de petites organisations comprennent les restaurants de quartier, les boutiques indépendantes et les Organisations Non Gouvernementales (ONG) locales.

Il est essentiel de noter que la classification des organisations dans ces catégories n'est pas rigide et qu'il peut y avoir des variations en fonction du secteur et de l'emplacement. De plus, les définitions des « grandes », « moyennes » et « petites » organisations peuvent dépendre du contexte ou du pays spécifique[7]. Néanmoins, cette catégorisation permet de fournir un cadre

[7] Luamba, D. (2019). *Strategies small business owners use to remain sustainable* (Doctoral dissertation, Walden University)

général pour les analyser et les comparer en fonction de leur taille et de leur complexité.

1.5 Besoin d'une Bonne Gestion pour les Organisations à But Lucratif et Sans But Lucratif

Qu'une organisation soit à but lucratif ou à but non lucratif, le besoin d'une gestion efficace est crucial pour plusieurs raisons[8]:

1. Atteinte des Objectifs

Une bonne gestion garantit que les missions, les objectifs et les stratégies d'une organisation sont clairement définis et communiqués à tous les niveaux. La bonne gestion d'une organisation aligne les efforts des employés et des ressources pour atteindre efficacement ses objectifs.

2. Optimization des Resources

Une bonne gestion aide à allouer et utiliser correctement les ressources financières, humaines et matérielles. L'objectif est de maximiser la productivité et de minimiser le gaspillage, ce qui est vital à la fois pour la rentabilité et pour la prestation réussie des services.

3. Prise des Décisions

Les managers jouent un rôle essentiel dans la prise des décisions éclairées basées sur les données, les tendances du marché et les informations organisationnelles. Une prise de décision éclairée conduit à des meilleurs résultats, à une réduction des risques et à une adaptabilité accrue à des environnements changeants.

4. Stabilité Financière

Les organisations à but lucratif ont besoin d'une gestion financière efficace pour garantir une rentabilité et une croissance durable. Les organisations à but non lucratif ont besoin d'une gestion financière solide pour maintenir leur stabilité, faire preuve de responsabilité financière envers les donateurs et les régulateurs et assurer leur viabilité à long terme.

---

[8] Blye, M. L. (2020). *Reducing the Frequency and Effects of Fraudulent Activities in Community Action Agencies* (Doctoral dissertation, Walden University).

5. **Satisfaction des Parties Prenantes**

Une gestion réussie favorise des relations positives avec les parties prenantes, telles que les clients, les employés, les actionnaires, les donateurs et la communauté. Des parties prenantes satisfaites conduisent à une confiance mutuelle et une bonne volonté accrue pour l'organisation.

6. **Adaptabilité et Innovation**

Les organisations doivent être adaptatives et innovantes pour rester pertinentes et compétitives dans le monde en évolution rapide d'aujourd'hui. Une bonne gestion encourage une culture de créativité, d'amélioration continue et d'avant-gardisme[9].

1.6 Résumé du Chapitre

Les organisations à but lucratif et à but non lucratif nécessitent une gestion efficace pour prospérer dans leurs contextes respectifs. Une bonne gestion garantit que les ressources sont utilisées de manière optimale, que les objectifs sont atteints et que les intérêts des parties prenantes sont bien servis. En mettant en œuvre de bonnes pratiques de gestion, les organisations peuvent relever les défis, saisir les opportunités et se positionner pour réussir et avoir un impact à long terme.

[9] Luamba, D. S., Blye, M. L., Mwema, I. E. M., Williams, I. A., James, K., & Chagadama, J. (2021). The benefits of innovation for small businesses. *International Journal of Business and Management Research, 9*(4), 425-432.

1.7 Cas Illustratifs

1.7.1 Organisation à But Non-Lucratif : International Salvation Council (ISC)

Introduction : The International Salvation Council (ISC) est une petite ONG au service des individus et des familles de la région métropolitaine de Washington, DC. L'engagement d'ISC envers sa mission et ses pratiques financières efficaces ont permis à l'organisation d'atteindre ses objectifs et d'avoir un impact positif sur la communauté[10].

Mission et Objectifs : La mission d'ISC est de fournir des services essentiels à ceux qui en ont besoin, quelle que soit leurs origines, et de promouvoir le bien-être et l'autosuffisance. Les objectifs de l'organisation comprennent la fourniture des services d'interprétation et de traduction en diverses langues, d'aide au logement, de conseil et d'aide à l'immigration et à l'emploi aux réfugiés et aux immigrants de la région[11].

Statistiques et Bonne Gestion des Données : ISC met fortement l'accent sur la bonne collecte, l'analyse et la production de rapports basés sur données fiables. L'organisation maintient une base de données efficace qui suit les données démographiques des clients, l'utilisation des programmes et les résultats. Cette approche basée sur les données permet à l'ISC de surveiller son impact, d'identifier les tendances et de prendre des décisions éclairées.

Viabilité Financière et Intendance : Les pratiques exemplaires de gestion financière de ISC contribuent de manière significative à sa capacité à remplir sa mission et à atteindre ses objectifs.

1. **Transparence Financière dans les Rapports** : ISC maintient des rapports financiers fiable et précis, offrant aux parties prenantes un aperçu clair de la santé financière de l'organisation. Des états financiers et des rapports réguliers sont partagés avec le conseil d'administration, le personnel, les donateurs et le public.
2. **Diverses Sources des Revenus** : L'organisation a établi un portefeuille de financement diversifié, comprenant des subventions gouvernementales, des dons privés, des partenariats d'entreprise et des événements de collecte de fonds. Cette diversité réduit la dépendance à l'égard d'une seule source de

[10] International Salvation Council. (2023). *Missions and goals.* Retrieved from https://intersalvation.org/
[11] International Salvation Council. (2023). *Missions and goals.* Retrieved from https://intersalvation.org/

financement, garantissant ainsi la stabilité financière même dans des conditions économiques incertaines.

3. **Budgétisation Stratégique** : ISC utilise un processus de budgétisation stratégique qui correspond à sa mission et à ses objectifs. Le budget de chaque programme est soigneusement élaboré, en tenant compte des revenus et des dépenses, et révisé régulièrement pour garantir son alignement avec les priorités stratégiques de l'organisation.
4. **Fonds de Réserve et Planification Financière** : ISC maintient un fonds de réserve pour faire face aux difficultés financières inattendues. Cette approche prudente de la planification financière démontre l'engagement de l'organisation envers sa survie à long terme.
5. **Contrôles Internes Solides** : ISC a mis en place des contrôles internes efficaces pour prévenir la fraude et garantir l'utilisation responsable des fonds. Cela comprend des audits réguliers, la séparation des tâches financières et le respect de pratiques comptables.
6. **Mesure de l'Impact :** ISC quantifie son impact en suivant les principaux indicateurs de performance et les résultats. L'organisation utilise ces données pour démontrer son efficacité aux parties prenantes et prendre des décisions optimales concernant l'allocation des ressources.

Les bonnes pratiques de la statistique, de comptabilité et de finance d'ISC sont essentielles pour permettre à l'organisation d'atteindre efficacement sa mission et ses objectifs. Grâce à des rapports financiers transparents, des sources de revenus diversifiées, une budgétisation stratégique et une planification financière objective, l'ISC s'est imposé comme un modèle de gestion financière au sein du secteur à but non lucratif. Ces pratiques assurent la viabilité financière de l'organisation et contribuent à sa capacité à créer un impact positif et durable sur la communauté qu'elle dessert.

1.7.2 Organisation à But Lucratif : Star Light Consulting LLC

Introduction : Star Light Consulting LLC, fondée en 2020 par deux doctorants dévoués, le Dr. Joel Chagadama et le Dr. Désiré Luamba, est une petite entreprise de conseil à but lucratif. Elle est basée à Manassas, en Virginie, aux USA. Ce cas illustratif de Star Light Consulting LLC, entreprise spécialisée dans l'offre de services financiers aux particuliers et aux entreprises de la zone DMV (Washington, DC, Maryland et Virginie), examine comment l'entreprise a obtenu un succès remarquable grâce à des stratégies innovantes, une structure organisationnelle efficace et un bon leadership dans sa gestion.

Contexte : Dr. Joel Chagadama et Dr. Désiré Luamba, étaient tous deux passionnés par la finance et engagés à avoir un impact positif dans l'industrie financière. Leurs objectifs étaient de fournir des services financiers de haute qualité à une clientèle diversifiée tout en surmontant les défis associés à leur statut de petite entreprise appartenant à un groupe minoritaire.

Défis Rencontrés

1. **Visibilité Limitée :** Star Light Consulting LLC a dû relever le défi d'établir une visibilité et une crédibilité dans un secteur compétitif.
2. **Contraintes Financières** : Les fondateurs disposaient de ressources financières limitées, ce qui limitait initialement leur capacité d'investissement dans le marketing, la technologie et l'expansion du personnel.
3. **Structure de Direction** : L'entreprise ne disposait pas d'une structure de direction clairement définie et devait rationaliser les processus de prise de décision.

Stratégies Mises en Œuvre

1. Offres des Services innovants

Conscients du besoin d'innovation dans le secteur financier, le Dr. Chagadama et le Dr. Luamba ont poursuivi les stratégies suivantes :

- **Transformation Numérique :** L'entreprise a investi dans le numérique pour améliorer les interactions avec les clients, automatiser le processus de gestion et améliorer l'efficacité opérationnelle.
- **Solutions sur Mesure** : Star Light Consulting LLC a développé des solutions financières personnalisées pour ses clients, répondant à leurs besoins et objectifs uniques.
- **Ateliers Educatifs** : Star Light Consulting LLC a organisé des ateliers de formation en finance et des webinaires, favorisant ainsi l'engagement et l'autonomisation des clients.

2. Restructuration Organisationnelle

Pour établir une structure organisationnelle plus efficace, les deux fondateurs ont mis en œuvre les stratégies suivantes :

- **Rôles de Leadership** : Le Dr. Chagadama a assumé le rôle de Directeur Général (DG), supervisant la planification stratégique et les relations extérieures, tandis que le Dr. Luamba a assumé le rôle de Directeur des Operations (DO), en se concentrant sur l'efficacité opérationnelle et les services clients.
- **Expansion de l'Equipe :** Au fur et à mesure de la croissance de l'entreprise, ils ont recruté des consultants et du personnel de soutien supplémentaire, chacun contribuant à des aspects spécifiques de la croissance de l'entreprise.
- **Optimisation du Flux de Travail** : Star Light Consulting LLC a repensé les mouvements de travail et les processus de gestion, réduisant ainsi les goulots d'étranglement et améliorant la prestation des services à ses clients.

3. Marketing et Image de Marque

Pour accroître la visibilité et attirer les clients, les fondateurs ont mis en œuvre une stratégie de marketing :

- **Présence en Ligne :** L'entreprise a réorganisé son site Web, adopté des stratégies d'Optimisation des Moteurs de Recherche (OPM) et maintenu une présence active sur les plateformes des médias sociaux.
- **Témoignages de Clients** : Encourager les clients satisfaits à fournir des témoignages et des références, a contribué à renforcer la confiance et la crédibilité des clients.
- **Réseautage** : le Dr. Chagadama et le Dr. Luamba ont participé activement à des conférences, des ateliers et des événements commerciaux locaux, établissant ainsi des liens et des partenariats utiles avec des clients.

Résultats Obtenus

Les stratégies mises en œuvre par Star Light Consulting LLC ont produit des résultats impressionnants :

- **Visibilité Accrue :** La présence en ligne de l'entreprise et les efforts de marketing ciblés ont conduit à une visibilité accrue et à une clientèle croissante dans la région DMV.
- **Rentabilité :** Des offres de services innovantes, des opérations rationalisées et une approche centrée sur le client ont contribué à améliorer la rentabilité.

- **Viabilité :** Une organisation bien structurée, une saine gestion et leadership éclairé ont amélioré la viabilité à long terme de l'entreprise.
- **Satisfaction de la Clientèle** : L'engagement de Star Light Consulting LLC envers un service personnalisé et une éducation financière a favorisé la satisfaction et la fidélité des clients.

Le parcours inspirant de Star Light Consulting LLC démontre comment l'innovation, une structure organisationnelle solide, une gestion efficace, et un leadership visionnaire peuvent conduire une petite entreprise de consultation à atteindre un succès remarquable[12]. En s'adaptant au changement, en se basant sur les outils de gestion numériques et en favorisant une approche centrée sur la clientèle, le Dr. Chagadama et le Dr. Luamba ont accru la visibilité et la rentabilité de leur entreprise, et ont assuré la viabilité à long terme de l'entreprise dans le secteur concurrentiel de finance. Ce cas illustratif inspire les petites entreprises qui cherchent à prospérer grâce à l'innovation et à de saines pratiques de gestion, quels que soient leurs défis de départ.

[12] Star Light Consulting LLC. (2024). *About Our Firm.* Retrieved from https://gobrightstar.com/

1.8 Exercice : Test pour Evaluer les Connaissances du Chapitre 1.

1. Quel est le but principal d'une organisation ?

   a) Pour générer des profits

   b) Fournir de l'emploi

   c) Pour atteindre des buts et des objectifs communs

   d) Pour réduire les coûts.

2. Lequel des éléments suivants n'est PAS un type d'organisation ?

   a) Une société

   b) Partenariat

   c) Organisation bénévole

   d) Individu

3. Lorsque nous parlons de la « taille » d'une organisation, que mesurons-nous généralement ?

   a) Le nombre d'employés ou de membres

   b) Les dimensions physiques de l'espace de bureau

   c) Les revenus générés

   d) L'âge de l'organisation

4. Pourquoi une gestion efficace est-elle importante pour une organisation ?

   a) Pour augmenter la bureaucratie

   b) Pour compliquer la prise de décision

   c) Pour atteindre efficacement ses buts et objectifs

   d) Pour décourager l'implication des employés

5. Quelles sont les principales ressources dont une organisation a besoin pour son fonctionnement ?

   a) Mobilier et décorations des bureaux

   b) Une solide présence sur les réseaux sociaux

   c) Capital financier, ressources humaines et actifs physiques

   d) Logo et image de marque de l'entreprise

6. Quel est le but de la structure et de la conception d'une organisation ?

   a) Créer le chaos et la confusion

b) Maximiser l'autonomie des employés

c) Faciliter la coordination et l'efficacité des opérations

d) Décourager la collaboration

7. Quels sont les types d'organisations les plus connus ?

a) À but lucratif

b) Organismes à but non lucratif

c) Privés

d) À but lucratif et à but non lucratif

8. Les trois principales catégories d'organisations en fonction de leur taille sont :

a) Petites, moyennes et grandes

b) Public et privé

c) À but lucratif et à but non lucratif

d) Tout ce qui precede

9. Une gestion efficace des connaissances dans une organisation conduit aux éléments suivants :

a) Concurrence accrue avec d'autres organisations

b) Baisse de la satisfaction des employés

c) Amélioration de la prise de décision et de l'innovation

d) Une plus grande concentration sur les tâches de routine

10. Quel aspect de la culture organisationnelle représente les valeurs partagées qui guident le comportement des employés ?

a) Énoncé de mission

b) Énoncé de vision

c) Code d'éthique

d) Valeurs d'entreprise

1.9 Réponses au Test et Explications des Réponses

1. Réponse C.

La valeur principale d'une organisation est d'atteindre des buts et des objectifs communs, car cet objectif commun rassemble les individus au sein de l'organisation et fournit une orientation à leurs efforts collectifs. L'objectif principal de l'organisation est de définir son objectif et de conduire à une amélioration des performances, de la motivation et de l'efficacité, contribuant ainsi à son succès et à sa durabilité.

2. Réponse D.

Un individu ne peut pas être considéré comme une organisation principalement en raison des différences fondamentales de structure, d'objectif et de fonctions entre un individu et une organisation. Les individus peuvent être membres ou employés d'organisations, mais ils ne sont pas équivalents aux entités complexes que représentent les organisations.

3. Réponse A.

Le fait d'avoir de nombreux employés donne un aperçu de la capacité de l'organisation à atteindre ses objectifs. Mesurer le nombre d'employés ou de membres est également un moyen pratique et informatif d'évaluer la taille et la portée d'une organisation, car il donne un aperçu de divers aspects des opérations, de l'impact et des considérations stratégiques de l'organisation.

4. Réponse C.

Une gestion efficace est essentielle pour que les gestionnaires d'une organisation atteignent efficacement leurs buts et objectifs. En outre, Elle fournit une orientation claire, concentrant les efforts sur les tâches et les priorités les plus importantes. Une gestion efficace est la force motrice qui permet à une organisation de définir, poursuivre et atteindre efficacement ses buts et objectifs. De plus, une gestion efficace fournit la structure, le leadership et l'orientation stratégique nécessaires au succès, garantissant que l'organisation reste adaptable, réactive et concentrée sur l'obtention de résultats.

5. Réponse C.

Le capital financier, les ressources humaines et les actifs physiques sont considérés comme les principales ressources d'une organisation car ils sont fondamentaux pour ses opérations et sa capacité à atteindre ses buts et objectifs. Ces ressources travaillent en synergie et jouent un rôle essentiel dans le succès et la durabilité de toute organisation. Le capital financier permet à une organisation d'acheter des équipements et d'embaucher des employés qualifiés, et ces employés, à leur tour, utilisent leurs connaissances et leur expertise pour gérer et optimiser les actifs physiques. Ces trois ressources font partie intégrante de la prise de décision stratégique, de l'investissement et de l'allocation des ressources, déterminant en fin de compte le succès d'une organisation et sa capacité à atteindre ses buts et objectifs.

6. Réponse C.

La structure et la conception d'une organisation visent principalement à créer un environnement qui favorise la coordination, la collaboration et l'efficacité de ses opérations. Cela permet à l'organisation de travailler de manière cohérente pour atteindre ses objectifs, de s'adapter aux circonstances changeantes et de maximiser son efficacité et ses performances.

7. Réponse D.

Les organisations sont principalement classées en deux catégories : les organisations à but lucratif et à but non lucratif. Les organisations à but lucratif se concentrent sur la maximisation des avantages ou des profits pour leurs propriétaires, tandis que les organisations à but non lucratif se concentrent sur les services rendus aux personnes de la société sans réaliser de profits.

8. Réponse A.

Alors que « petite », « moyenne » et «grande» sont des catégories générales courantes pour décrire les organisations en fonction de leur taille. De plus, il est important de noter que ces termes peuvent varier en fonction du contexte, du secteur et du lieu. Il n'existe pas de seuil universellement défini permettant de classer les organisations dans ces catégories de taille. La classification peut différer selon les pays, industries et secteurs.

Par exemple, une « petite » entreprise dans un secteur donné peut être considérée comme une entreprise «de taille moyenne » dans un autre secteur en fonction du nombre d'employés, des revenus ou des actifs. Les agences gouvernementales et les associations industrielles fournissent souvent des critères spécifiques pour définir la taille des organisations au sein de leurs secteurs.

9. Réponse C.

Une gestion efficace des connaissances contribue à une prise de décision plus éclairée et plus efficace en facilitant l'accès à l'information, en réduisant les inefficacités et en favorisant l'apprentissage des expériences passées. De plus, il favorise l'innovation en créant une culture de collaboration, de partage des connaissances et d'amélioration continue. En conséquence, les organisations qui investissent dans la gestion des connaissances sont mieux placées pour s'adapter aux circonstances changeantes, rester compétitives et stimuler l'innovation dans leurs secteurs respectifs.

10. Réponse D.

Les valeurs d'entreprise sont la pierre angulaire de la culture organisationnelle et une boussole pour le comportement, la prise de décision et les interactions des employés. Elles contribuent à façonner le caractère de l'organisation et influencent ses relations avec les employés, les clients et la communauté au sens large. Par conséquent, les organisations accordent souvent une grande importance à la définition, à la promotion et au respect de leurs valeurs d'entreprise.

Chapitre 2

Statistique dans la Gestion

2.1 Introduction

Dans le paysage moderne et dynamique axé sur la gestion des données des organisations, la statistique est devenue un outil fondamental dans la prise de décision, l'allocation des ressources et la planification stratégique. La statistique, la science de la collecte, de l'analyse, de l'interprétation et de la présentation des données, est un outil puissant qui permet aux organisations d'obtenir des informations précieuses à partir des données et de faire des choix éclairés[13]. Des sociétés ou organisations multinationales aux entités à but non lucratif, la statistique est devenue un atout indispensable pour les organisations cherchant à optimiser leurs performances, à gérer les incertitudes et à atteindre leurs objectifs avec précision.

Dans cette introduction, nous approfondissons le rôle central de la statistique et des statistiques dans les organisations, en explorant leurs applications, leurs avantages et leurs impacts sur divers aspects de la gestion. Qu'il s'agisse de comprendre les tendances du marché, d'évaluer les performances des employés, d'évaluer les risques financiers ou de mesurer l'efficacité des programmes, la statistique constitue une approche rigoureuse et objective pour libérer le potentiel d'un vaste ensemble des données. En adoptant des méthodes et des outils statistiques, les organisations peuvent exploiter la puissance des données pour transformer les défis en opportunités et favoriser le succès dans un monde de plus en plus centré sur des données fiables.

Rejoignez-nous pour découvrir comment la statistique permet aux organisations de prendre des décisions stratégiques, de découvrir des modèles cachés et de garder une longueur d'avance. Des salles de réunion aux équipes de première ligne, la statistique façonne la manière dont les organisations fonctionnent, innovent et s'adaptent dans un paysage managérial en constante évolution. En parcourant les complexités et les possibilités du domaine statistique, nous

[13] Privitera, G. J. (2023). *Statistics for the behavioral sciences*. Sage publications.

découvrirons comment cette discipline est devenue un atout indispensable pour les organisations en quête d'efficacité, de croissance et de succès durable.

2.2 Qu'est-ce que « Statistique » ?

Le terme « statistique » peut être compris dans deux contextes : en tant que science et en tant que données[14]. La différence entre les deux est :

2.2.1 Statistique Comme Science

La statistique en tant que science fait référence à la discipline universitaire et au domaine d'études qui traitent de la collecte, de l'analyse, de l'interprétation, de la présentation et de l'organisation des données. Il s'agit d'une branche des mathématiques faisant partie intégrante de divers efforts de recherche scientifique, sociale et commerciale.

En tant que science, la statistique impliquent le développement et l'application des méthodes et des techniques mathématiques pour tirer des conclusions à partir de données et prendre des décisions fondées sur celles-ci.

La science statistique englobe divers sous-domaines, notamment la statistique descriptive, la statistiques inférentielle, la théorie des probabilités, la statistique des affaires, la statistique industrielle, la statistique agricole, la modélisation statistique et la conception expérimentale. Les chercheurs et les statisticiens utilisent des méthodes statistiques pour analyser les données, identifier des modèles, tester des hypothèses et tirer des conclusions des populations sur base des échantillons.

2.2.2 Statistiques Comme Données

Le terme « statistiques » au pluriel est considéré comme données, et en tant que données, elles font référence aux informations numériques collectées à partir d'observations, d'expériences, d'enquêtes ou de tout autre processus de collecte de données[15]. Dans ce contexte, les statistiques représentent un

---

[14] Zapata-Cardona, L., & Martínez-Castro, C. A. (2023). Statistical modeling in teacher education. *Mathematical Thinking and Learning, 25*(1), 64-78.
[15] Oluwafemi, E. J., & Otu, B. D. (2023). Skills for collecting research data, analytical skills, and lecturer job effectiveness at Nigerian universities. Kabale University Interdisciplinary Research Journal, 2(1), 51-63.

ensemble de chiffres, de faits, ou de valeurs qui décrivent différents aspects d'un phénomène ou d'une population spécifique. Ces points de données peuvent inclure des mesures quantitatives, des attributs catégoriels ou toute autre information pertinente à l'analyse menée.

Par exemple, lorsque les chercheurs mènent des enquêtes pour recueillir des informations sur les préférences des gens pour un produit particulier, les réponses et les données recueillies dans le cadre de l'étude sont considérées comme des données statistiques. De même, les résultats et variables mesurés sont traités comme des statistiques ou des données dans une étude expérimentale.

En résumé, la différence entre la statistique en tant que science et les statistiques en tant que données réside dans leurs significations et contextes respectifs. La statistique en tant que science concerne l'étude et l'application systématique des techniques mathématiques pour analyser et interpréter les données, tandis que les statistiques en tant que données font référence aux informations numériques réelles collectées à partir d'observations et d'expériences, qui sont utilisées comme entrée pour l'analyse statistique et la prise de décision[16].

2.3 Importance de la Statistique

En tant que branche des mathématiques, la statistique traite de la collecte, de l'analyse, de l'interprétation, de la présentation et de l'organisation des données. Cela implique l'utilisation de techniques quantitatives pour tirer des informations significatives à partir des données et prendre des décisions éclairées fondées sur des faits réels ou des preuves.

Que ce soit à but lucratif ou non, la statistique joue un rôle crucial de diverses manières :

1. Collecte et Analyse des Données

La statistique aide les organisations à collecter des données provenant de diverses sources, telles que des études de marché, des productions industrielles, des commentaires des clients, des dossiers financiers et des processus opérationnels. Grâce à l'analyse des données, des modèles, et des tendances, des relations au sein des données peuvent être identifiées, fournissant ainsi des informations précieuses pour la prise de décision.

[16] Agarwal, S. A., Chauhan, N. K. S., & Ravikumar, S. (2024). Basic Concepts of Research Methodology & Statistics. Academic Guru Publishing House.

Exemple : Sondage d'opinion utilisant des méthodes statistiques, telles que le calcul des pourcentages, de moyennes ou de médianes, pour résumer les réponses. Sur base des échantillons des données, des intervalles de confiance et des tests d'hypothèses peuvent être utilisés pour tirer des conclusions sur les opinions de l'ensemble de la population.

2. Études de marché et Informations sur la Clientèle

Pour les organisations à but lucratif, il est essentiel de comprendre les préférences des clients, les tendances du marché et les modèles de demande pour le développement de produits, les stratégies de tarification et les campagnes de marketing. La statistique aide à analyser les données du marché et les commentaires des clients pour obtenir des informations précieuses.

Exemple : Les études de marché et les informations sur les clients peuvent aider à comprendre les comportements, les préférences, l'engagement des consommateurs sur les réseaux sociaux et les tendances du marché.

3. Mesure des Performances

La statistique permet aux organisations de mesurer et d'évaluer leurs performances, à la fois en termes de mesures financières et d'efficacité opérationnelle. Les Indicateurs de Performance Clés (Knowledge Performance Indicator : KPI) peuvent être suivis et analysés, aidant ainsi les organisations à identifier leurs forces et leurs faiblesses, et à apporter des améliorations basées sur les données statistiques.

Exemple : Dans un modèle économique, le coefficient de corrélation R au carré vous aide à comprendre dans quelle mesure les variables indépendantes choisies (par exemple : le PIB, le taux d'inflation, ou le chômage) expliquent les variations de performance du marché boursier.

4. Évaluation et Gestion des Risques

Les entreprises doivent évaluer les risques d'investissement, les changements du marché et les décisions opérationnelles. Les techniques statistiques telles que l'analyse de probabilité et de régression aident à évaluer des risques potentiels et à développer des stratégies de gestion des risques.

Exemple : La collecte de données sur divers attributs des demandeurs de prêt, tels que les revenus, la cote de crédit, les antécédents professionnels et les dettes impayées, aidera à identifier, analyser et atténuer les risques associés à l'analyse des données ou aux processus décisionnels. Les entreprises doivent évaluer les risques d'investissement, les changements du marché et les décisions opérationnelles.

5. Allocation des Resources

Les organisations à but lucratif et à but non lucratif disposent de ressources limitées. La statistique aide à optimiser l'allocation des ressources en analysant les données sur les coûts, les revenus et l'utilisation des ressources, permettant une répartition efficace des fonds et des efforts.

Exemple : Allouer les budgets requis à différents projets en fonction de leurs priorités, de leur impact attendu et des besoins en ressources est stratégique pour une meilleure stratégie d'allocation des ressources.

6. Prévisions et Planificatications

La statistique permet aux organisations de faire des prédictions et des prévisions éclairées pour la planification future.

Exemple : Les prévisions de ventes permettent aux entreprises à anticiper la demande et à planifier la production, tandis que pour les organismes à but non lucratif, elles peuvent fournir les besoins de financement de leurs projets.

7. Prise de Décision Fondée sur des Données Fiables

Dans les secteurs à but lucratif et à but non lucratif, la prise de décision fondée sur les données devient de plus en plus essentielle. La statistique fournis une approche systématique pour analyser les données de manière objective, réduire les biais et améliorer la qualité des décisions.

Exemple : La collecte de données fiable peut aider à prendre des décisions éclairées telles que :

- Démographie de la population dans une ville.
- Indicateurs économiques comme les niveaux de revenus et les taux d'emploi.
- Emplacements des concurrents et part des marchés.
- Données sur le comportement des consommateurs dans les emplacements de magasins potentiels.

- Données historiques sur les ventes des magasins existants, etc.

8. Evaluation des Projects

Les organisations utilisent souvent des statistiques pour évaluer l'efficacité et l'impact de leurs programmes et initiatives. Elles peuvent analyser les données pertinentes pour évaluer si leurs efforts atteignent les résultats souhaités et ajuster les stratégies en conséquence.

Exemple : Identifier les indicateurs et les résultats clés qui seront utilisés pour évaluer le succès du programme. Dans ce cas, les mesures pertinentes peuvent inclure :

- Taux d'abandon du tabac avant et après le programme.
- Changements dans les connaissances et les attitudes liées au tabagisme.
- Résultats sur la santé comme la fonction pulmonaire et l'incidence des maladies liées au tabagisme, etc.

9. Conformité et Rapports

La statistique joue un rôle déterminant dans le respect des exigences réglementaires et des normes d'information financière. Une analyse précise des données garantit que les organisations restent en conformité avec les normes juridiques et industrielles.

Exemple : Utilisation d'une technique d'échantillonnage statistique pour sélectionner un échantillon représentatif pour les audits et contrôles périodiques afin de garantir que les processus de conformité d'une organisation sont efficaces et à jour.

10. Amélioration Continue

En analysant régulièrement les données de performance, les organisations peuvent identifier les domaines à améliorer et mettre en œuvre des stratégies ciblées pour améliorer l'efficacité, la productivité et les performances globales.

Exemple : Mettre en œuvre un suivi et une évaluation continue pour évaluer l'impact à long terme d'un programme et apporter les ajustements nécessaires.

2.4 Types des Statistiques

En tant que science, la statistique englobe diverses branches et types destinés à l'analyse et à l'inférence des données. Les données peuvent être regroupées ou dissociées. Les distributions de fréquence non groupées et groupées sont deux façons d'organiser et de présenter des données statistiques, principalement lorsqu'il s'agit de grands ensembles de données [17].

Ils diffèrent dans la manière dont ils traitent les valeurs des données et leurs fréquences associées. Voici une comparaison des deux :

Distribution de fréquence non groupée :

Point de données individuel : Dans une distribution de fréquence non groupée, chaque point de données unique est répertorié avec sa fréquence. Il convient aux ensembles de données relativement petits avec un nombre limité de valeurs distinctes[17].

Présentation : Les données sont présentées sous forme de liste ou de tableau avec deux colonnes : une pour les valeurs des données (observations individuelles) et une autre pour leurs fréquences respectives.

Granularité : Les distributions non groupées fournissent une vue détaillée des données, affichant les valeurs et fréquences exactes.

Example

Données	Fréquences
10	4
15	3
20	5
25	2
30	3

Adéquation : Elle est généralement utilisé lorsqu'il existe relativement peu de points de données uniques ou lorsque vous souhaitez conserver la granularité des données.

[17] Green, S. B., & Salkind, N. J. (2017). *Using SPSS for Windows and Macintosh: Analyzing and understanding data* (8th ed.). Upper Saddle River, NJ: Pearson.

Distribution de fréquence groupée

Intervalles ou classes de données : Dans une distribution des fréquences groupées, les valeurs des données sont regroupées en intervalles ou classes et les fréquences au sein de ces intervalles sont comptées. Elles conviennent aux ensembles de données avec une large plage de valeurs[18].

Présentation : Les données sont présentées sous forme de tableau avec deux colonnes : une pour les intervalles de données (classes) et une autre pour leurs fréquences respectives.

Granularité : Les distributions groupées offrent une représentation plus compacte des données, ce qui facilite l'analyse et la visualisation des grands ensembles de données.

Adéquation : Elle est utilisée pour traiter des ensembles de données avec une large plage de valeurs ou pour simplifier la présentation des données. Le regroupement des données par intervalles peut aider à identifier des modèles et des tendances sans être submergé par des valeurs individuelles.

Example:

Intervale des Données	**Fréquence des Données**
10-15	2
15-20	3
20-25	3
25-30	5
30-35	4

En résumé, le choix entre des distributions de fréquences non groupées et groupées dépend de la nature, de la taille et des objectifs spécifiques de l'analyse ou de la présentation des données. Les distributions non groupées conservent la granularité des données, tandis que les distributions groupées fournissent une représentation plus condensée et plus gérable, facilitant l'identification des modèles et des tendances dans de grands ensembles de données[19].

[18] Rivera, R. (2020). *Principles of managerial statistics and data science*. John Wiley & Sons.
[19] Prasad, S. (2023). Basic Concepts in Research and Data Analysis. In *Elementary Statistical Methods* (pp. 1-36). Singapore: Springer Nature Singapore.

Certains types importants de statistiques sont :

1. Statistique Descriptive

Les statistiques descriptives impliquent la synthèse, l'organisation et la présentation significative des données. Les statistiques descriptives standard sont des :

(a) Mesures de tendance centrale : moyenne, médiane et mode.

(b) Mesures de variabilité : étendue, variance et écart type.

(c) Représentations graphiques : histogrammes, graphiques à barres et nuages de points pour fournir une compréhension claire et concise des données[20].

1.1. La Moyenne

Example 1 : Évaluations de la satisfaction de la Clientèle

Supposons qu'une organisation mène une enquête de satisfaction de la clientèle et collecte des notes sur une échelle de 1 à 5 auprès de 5 clients :

Client	Niveau de Satisfaction (1-5)
1	4
2	3
3	5
4	1
5	3

Statistiques descriptives pour les données non groupées :

Pour analyser les données de l'enquête de satisfaction des clients, vous pouvez calculer des statistiques récapitulatives et éventuellement créer une visualisation afin d'obtenir des informations sur la satisfaction des clients. Voici comment procéder :

[20] Green, S. B., & Salkind, N. J. (2017). *Using SPSS for Windows and Macintosh: Analyzing and understanding data* (8th ed.). Upper Saddle River, NJ: Pearson.

Etape 1 : Calculer les statistiques récapitulatives

Calculez des statistiques récapitulatives de base pour comprendre la tendance centrale et la variabilité des données :

- **Moyenne :** Somme de toutes les notes divisées par le nombre de clients.

  Moyenne: (4 + 3 + 5 + 1 + 3) / 5 = 16 / 5 = 3.2

- **Médiane :** La valeur moyenne lorsque les notes sont classées.

  Pour le nombre impair, (2n+1), après avoir ordonné la série, la médiane est dans ce cas le terme de rand (n+1) /2.

  Example : 4, 3, 5, 1, 3 ; la médiane est égale à 3.

  Pour le nombre pair, lorsque les valeurs sont ordonnées, on prend la moyenne arithmétique des termes du milieu.

  Example : -5, 0, 1, 2, 5, 8, 20, 27 ; la médiane est (2+5) /2= 3.5

- **Mode** (valeur la plus fréquente) : La valeur qui apparaît le plus fréquemment. Le mode est 3 parce qu'il apparait deux fois plus que tout autre valeur ou note.
- **Etendue ou Ecart (Max-Min)** : La différence entre la plus grande et la plus petite note ou valeur.

  Etendue: 4 (Max: 5 - Min: 1)

- **Écart-Type (ET)** : Il mesure l'écart ou la dispersion des notes.

Example 1 : Processus de calcul de l'écart type

1. Calculez la différence au carré entre chaque note et la moyenne.

2. Additionnez ces carrés des différences.

3. Divisez par (n-1), où n est le nombre de notes.

4. Prenez la racine carrée du résultat.

En utilisant cette formule, l'écart type des données non groupées est :

$\sigma = \sqrt{(\sum(x-\bar{x})2 /n)}$, Pour une bonne compréhension, utilisons l'exemple de 4, 3, 5, 1, et 3.

Comme expliqué précédemment ci-haut, la moyenne est 16/5 =3.2.

1. Calculez la différence au carré entre chaque note et la moyenne : (4 - 3.2) ^2 = 0.64, (3 - 3.2) ^2 = 0.04, (5 - 3.2) ^2 = 3.24, (1 - 3.2) ^2 = 4.84, (3 - 3.2) ^2 = 0.04
2. Somme des carrés des différences : 0.64 + 0.04 + 3.24 + 4.84 + 0.04 = 8.8
3. Diviser cette somme par (n-1) : 8.8 / (5-1) = 2.2
4. Calculer la racine carrée du résultat : $\sqrt{2.2} \approx 1.48$ (arrondi à deux décimales)

Ainsi donc, l'écart type est donc d'environ 1.48.

Example 2 : Taux de Satisfaction des Clients par Age

Supposons qu'une entreprise mène une enquête de satisfaction de sa clientèle et collecte les notes ci-dessous sur une échelle de 1 à 5 (avec 5 la grande satisfaction) auprès de ses clients âgés de 20 à 45 ans.

Classes d' Age	Note de Satisfaction (1-5)
20-25	4
25-30	5
30-35	4
35-40	2
40-45	3

Statistiques descriptives pour les données groupées :

Pour analyser les données des ventes de la clientèle, vous pouvez calculer des statistiques récapitulatives et éventuellement créer une visualisation pour obtenir des informations sur la rentabilité de la vente. Voici comment procéder:

No	Classes	Effectifs de classes ni	Centres de Classes xi	Fréquences relatives fi	ni.xi	Fréquences cumulées Fc
1	20-25	4	22.5	0.22	90	4
2	25-30	5	27.5	0.28	140	9
3	30-35	4	32.5	0.22	132	13
4	35-40	2	37.5	0.11	76	15
5	40-45	3	42.5	0.17	136.5	18
		∑ni=18		∑fi=1.00	∑nixi=576.5	

- **Moyenne :** Somme de toutes les notes pondérées divisées par le nombre de clients.

  Moyenne (Symbolisée par X barre) : $\bar{x} = \Sigma nixi/\Sigma ni = 576.5/18 = 32.02$

  Ceci indique que la moyenne de satisfaction de la clientèle est autour de 4 avec des clients dont l'âge moyen est de 32 ans.

- **Médiane :** La valeur médiane est une valeur centrale qui divise la distribution observée ou groupée en deux parties avec un nombre égal d'observation.

  Pour les données groupées, on calcule la médiane par interpolation linéaire :

  - On divise l'effectif total par 2 (n/2) et ensuite on détermine la classe médiane qui correspond aux effectifs cumulés

  Médiane est ainsi déterminée par la formule :

  Médiane =Li+a[n/2−Fc] /nimed

  Avec Li : Limite inférieure de la classe médiane

  Fc: Fréquence cumulées descendant jusqu' à la limite inférieure de la classe médiane

  Nimed: Effectif médian.

  a : amplitude des classes

  Considérant l'exemple précédent, **la médiane**= 30+5(13-9) /4= 30. L'âge médian correspondant est de 30 ans, ce qui correspond à un niveau de satisfaction 4 qui est aussi très élevé est proche de la grande note de satisfaction 5.

- **Mode :** Si les observations sont reparties en classes, le mode est le point milieu de la classe de plus grand effectif, appelé classe modale ou classe dominante.

  Il se calcule en utilisant la formule :

  Mode = Li + a (fm−f1) /(fm−f1) +(fm−f2)

Avec : Li : Limite inférieure de la classe modale

a : amplitude de classe

(fm-fl): Différences entre les effectifs de classe modale et la classe précédente

(Fm-f2) : Différences entre les effectifs de la classe modale et la classe suivante.

Considérant l'exemple précédent, le mode se calcule comme suit :

Mode= $25+5(5-1) /(5-1)+(5-1)$

Le mode est alors : 27.5 ans qui correspondent à la classe de la plus grande satisfaction de la clientèle.

- **Etendue ou Ecart (Max-Min)** : la différence entre la limite supérieure et inférieure des intervalles de classe est de 5.
- **Écart-Type (σ)** : Il mesure l'écart ou la dispersion des notes.

  L'écart type des données groupées est déterminé par la formule : $\sigma = \sqrt{(\sum ni(x-\bar{x})2 /n)}$.

Veuillez noter que la moyenne, la médiane, et le mode sont des paramètres de position. Les écarts sont de paramètres de dispersion. Il en existe plusieurs autres paramètres de position et de dispersion, mais compte de leur nombres importants, complexité de calculs, et du fait que le contenu de ce chapitre n'est pas un cours de statistique, mais plutôt un aperçu ; nous vous épargnons de leurs calculs. Nous vous invitons par ailleurs de se référer aux cours de statistique ou autres logiciels de calcul statistique tels que Excell, IBM SPSS, Minitab, Develve, XLSTAT, etc., que votre statisticien vous recommandera.

Etape 2 : Visualisation

Histogramme : Pour présenter un histogramme, on utilise des barres rectangulaires pour afficher la fréquence des données. Vous pouvez créer un histogramme ou un graphique à barres pour visualiser la répartition des notes de satisfaction. Cela peut vous aider à voir la forme de la distribution si elle est asymétrique ou normalement distribuée. Une distribution est symétrique ou normale lorsque la moyenne=médiane=mode. Dans le cas contraire, elle dissymétrique, étalée à gauche lorsque moyenne<médiane<mode ; et étalée à

droite lorsque moyenne >médiane>mode. Vous pouvez utiliser un graphique à barres pour créer un histogramme pour la distribution de fréquence non groupée des notes (1-5). Pour une distribution de fréquences non groupée, chaque note est affichée individuellement et les notes ne sont pas regroupées en intervalles ou en classes. Voici comment présenter l'histogramme des données groupées.

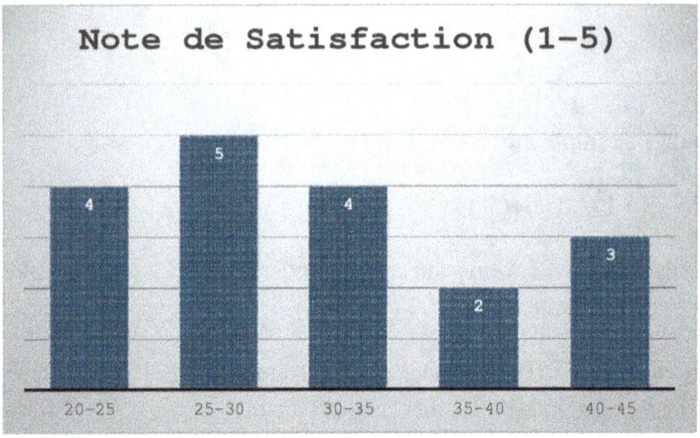

Dans cet histogramme, l'axe des Y représente les notes de satisfaction des clients (1 à 5) et l'axe des X représente les âges des clients qui ont attribué chaque note. Les barres indiquent la fréquence de chaque évaluation, la hauteur de chaque barre correspondant à la manière dont les clients ont évalué ou noté leur satisfaction.

Ces statistiques récapitulatives et cette visualisation fournissent des informations sur la satisfaction des clients, telles que la note moyenne, la note la plus courante et la répartition des notes. Cependant, avec seulement cinq réponses, soyez prudent avant de tirer des conclusions définitives, car la taille de l'échantillon est relativement petite. Généralement, les bonnes conclusions sont tirées à partir des échantillons des grandes tailles, données souvent disponibles pour les organisations ou entreprises.

Autres Graphiques

De nombreux types de graphiques existent cependant, comme ce livre n'est pas un cours de statistique et pour des raisons pédagogiques nous allons vous en présenter quelques-uns. Par example:

1. Graphique PIE illustrant la répartition des notes de satisfaction. Le graphique PIE divise un cercle en de nombreux secteurs différents qui représentent une proportion de l'ensemble de la population.

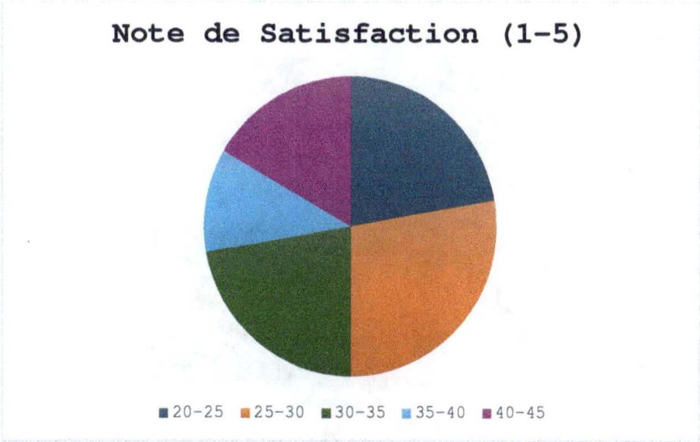

2. Diagramme en LIGNE utilise différentes lignes pour relier les points de données et afficher les tendances globales pour faciliter la visualisation et la compréhension du phénomène.

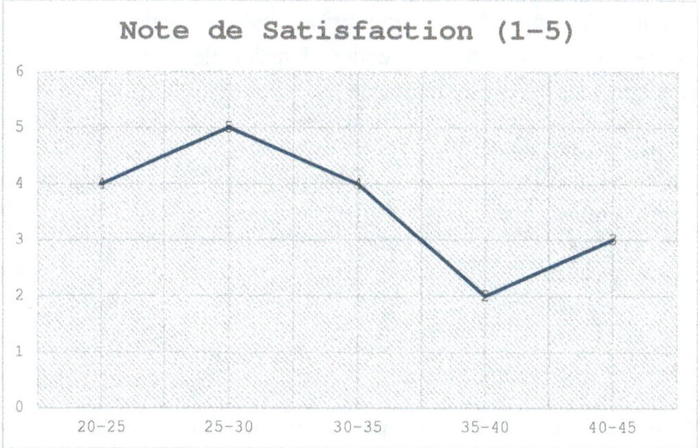

3. Diagramme en BARRE : Un graphique à barres est utilisé pour afficher et comparer des données de différentes tailles au lieu de l'histogramme qui montre la fréquence des données. Diagramme en BARRE et HISTOGRAMME sont tous deux des graphiques utilisant des affichages en colonnes.

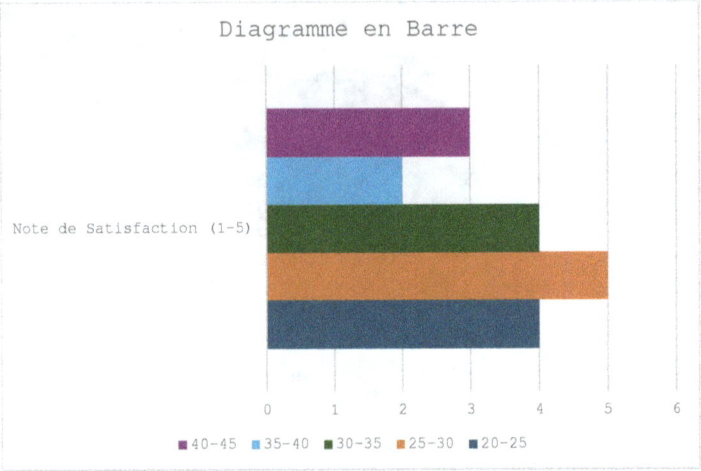

Example 3 : Performance des Ventes par Région

Prenons l'exemple d'une entreprise multinationale qui opère dans différentes régions et collecte des données de ventes pour le dernier trimestre dans ses quatre régions :

Region	Ventes Totales $
Nord	50000
Sud	62000
Est	48000
Ouest	54000
Total	214000

Statistiques Descriptives:

- Ventes Totales : $214000 (Somme des ventes pour toutes les régions)
- Ventes Moyennes : $53500 (Ventes Totales / Nombre de régions)
- Ventes Maximales : $62000 (La valeur des ventes la plus élevée parmi toutes les régions)
- Ventes Minimales : $50000 (La valeur des ventes la plus basse parmi toutes les régions)

Graphique ou diagramme en BARRE affichant les performances des ventes pour chaque région.

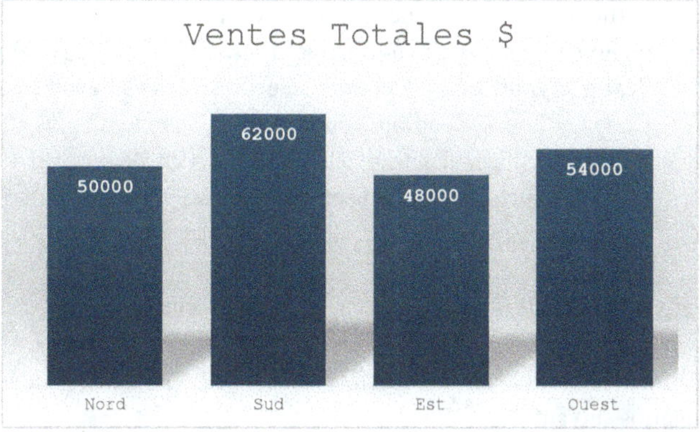

2. Statistique inférentielle

La statistique inférentielle est utilisée pour tirer des conclusions et faire des prédictions sur une population sur base d'un échantillon des données. Les statistiques inférentielles impliquent des tests d'hypothèses, des intervalles de confiance et une analyse de régression pour déduire des relations et des inférences sur la population plus large à partir de laquelle les données ont été échantillonnées.

Les statistiques inférentielles jouent un rôle crucial dans la prise de décision des entreprises en tirant des conclusions et en effectuant des prédictions basées sur des échantillons de données.

Exemples de la manière dont la statistique inférentielle peut être utilisée dans une organisation ou entreprise :

1. **Études de Marché et Enquêtes Auprès des Clients** : Supposons qu'une entreprise souhaite lancer un nouveau produit et souhaite comprendre les préférences de ses clients cibles. Elle interroge un groupe de clients potentiels sélectionnés au hasard. La statistique inférentielle peut être utilisée pour analyser les données de l'enquête et tirer des conclusions sur l'ensemble de la population cible[21]. Par exemple :
    - **Intervalles de Confiance** : L'entreprise peut calculer un intervalle de confiance pour estimer la plage dans laquelle un certain pourcentage de clients aura probablement une préférence

[21] Oh, D. M., & Pyrczak, F. (2023). *Making sense of statistics: A conceptual overview.* Routledge.

particulière. Cela aide l'entreprise à comprendre la demande potentielle pour des nouveaux produits.

- **Test d'Hypothèses :** L'entreprise peut avoir des hypothèses sur les caractéristiques spécifiques du produit qui la rendrait plus attrayante. Elle peut utiliser des tests d'hypothèses pour déterminer s'il existe une différence statistiquement significative entre les préférences de certains groupes, l'aidant ainsi à décider quelles fonctionnalités donner la priorité.

2. **Analyse Financière et Décisions d'Investissement :** Les statistiques inférentielles peuvent aider à prendre des décisions d'investissement éclairées et à évaluer les performances financières. Considérons les scénarios suivants :
   - **Analyse du Cours des Actions** : Une société d'investissement analyse les rendements historiques d'un titre particulier. Elle utilise la statistique inférentielle pour calculer le rendement moyen et l'écart type du titre sur base des données historiques. Grâce à ces informations, elle peut construire des intervalles de confiance pour estimer la fourchette probable des rendements futurs. De plus, elle peut effectuer des tests d'hypothèses pour déterminer si la performance du titre est significativement différente de celle d'un indice de référence.
   - **Diversification du Portefeuille** : Un conseiller financier aide un client à constituer un portefeuille de placement. Sur base des données historiques, des statistiques inférentielles peuvent être utilisées pour analyser les corrélations entre différentes classes d'actifs. En analysant les relations entre les différents actifs, le conseiller peut recommander une combinaison optimale de placement qui équilibre le risque et le rendement.

Dans les deux exemples, les statistiques inférentielles permettent aux entreprises de prendre des décisions éclairées en exploitant des échantillons de données pour tirer des conclusions sur des populations plus larges ou pour évaluer les relations et les modèles au sein d'ensembles des données.

3. Théorie de Probabilité

La probabilité est un concept fondamental en statistique. Le concept de probabilité est crucial pour faire des prédictions et comprendre l'incertitude. La théorie de probabilité est utilisée dans diverses méthodes statistiques, telles que les statistiques bayésiennes et la théorie de la décision.

Exemples :

Voici deux exemples de théories des probabilités qui peuvent s'appliquer dans la gestion :

1. **Simulation de Monte Carlo pour l'analyse des risques** : Dans la prise de décision, l'incertitude et le risque jouent un rôle important. La simulation Monte Carlo est une technique probabiliste qui utilise un échantillonnage aléatoire pour modéliser les résultats potentiels d'une décision ou d'un projet dans diverses conditions incertaines.

   Cette méthode est largement utilisée pour les prévisions financières, la gestion de projet et l'analyse des investissements.

   Par exemple, une entreprise peut utiliser la simulation de Monte Carlo pour évaluer les rendements et les risques du lancement d'un nouveau produit en prenant en compte des variables telles que la demande du marché, les coûts de production et les prix. En exécutant des milliers de simulations, les entreprises peuvent prendre des décisions plus éclairées, basées sur la distribution des résultats possibles et leurs probabilités associées.

2. **Inférence bayésienne pour les campagnes de marketing** : L'inférence bayésienne est une méthode statistique qui met à jour les croyances ou les prédictions sur base de nouvelles preuves. Dans une entreprise, les techniques bayésiennes peuvent être utilisées de diverses manières, par exemple dans les campagnes marketing[1]. Lorsqu'une entreprise lance une campagne marketing, elle commence souvent par une conviction préalable quant à son efficacité tel que trouver un taux de conversion spécifique.

   Au fur et à mesure que la campagne progresse, de nouvelles données sont collectées et l'inférence bayésienne est utilisée pour mettre à jour la croyance initiale avec les résultats réels observés au cours de la campagne. Cela permet aux entreprises d'affiner en permanence les estimations des performances de leurs campagnes, d'allouer les ressources plus efficacement et de les ajuster en fonction des données en temps réel.

Ces deux exemples montrent comment les théories des probabilités peuvent aider les entreprises à prendre de meilleures décisions en intégrant l'incertitude, le risque et l'évolution des informations dans leurs stratégies et opérations.

1. **Tests d'Hypothèses et Tests A/B** : Une application typique de la théorie de probabilité et des statistiques dans la gestion est le test d'hypothèses, en particulier dans le contexte des tests A/B pour optimiser les stratégies de marketing ou la conception de produits. Lorsqu'une entreprise souhaite déterminer si un changement (comme une nouvelle présentation de site Web, une stratégie de tarification différente ou un message marketing révisé) entraîne une amélioration significative, elle effectue un test A/B. Dans ce scénario, la théorie de probabilité aide à évaluer la probabilité que les différences observées dans les résultats (Par exemple, taux de conversion, ventes) entre le groupe témoin (A) et le groupe expérimental (B) soient dues au hasard. Les techniques statistiques telles que le **test t** ou le test de **chi-carré** aident à quantifier le niveau de signification, permettant aux entreprises de prendre des décisions éclairées quant à l'adoption ou au rejet du changement proposé en fonction des données observées[22].
2. **Analyse de Régression pour la Prévision de la Demande** : Une autre application de la théorie de probabilité et des statistiques dans les organisations ou entreprises est l'analyse de régression pour la prévision de la demande. Les entreprises ou organisations doivent souvent prédire les ventes ou les demandes futures pour leurs produits ou services. L'analyse de régression permet d'identifier et de quantifier les relations entre les variables influençant le marché, telles que le prix, les dépenses publicitaires, la saisonnalité et les indicateurs économiques. En appliquant des distributions de probabilité aux coefficients de régression et aux variables erreurs, les entreprises peuvent estimer l'éventail des résultats possibles pour la demande future et faire des prévisions plus précises. Cela facilite la gestion des stocks, la planification de la production et l'allocation des ressources[1].

Ces exemples démontrent comment la théorie de probabilité et les techniques statistiques permettent aux entreprises d'analyser des données, de prendre des décisions fondées sur des faits réels et d'optimiser leurs opérations et stratégies.

4. Biostatistique

La biostatistique est une branche spécialisée de la statistique qui se concentre sur la conception et l'analyse de données en biologie, en médecine, en santé publique et dans des domaines connexes. Elle est

[22] Kaplan, D. (2023). *Bayesian statistics for the social sciences.* Guilford Publications

essentielle dans les essais cliniques, les études épidémiologiques et la recherche médicale[23].

Voici deux exemples d'applications en biostatistique :

1. **Essais Cliniques et Conception Expérimentale** : La biostatistique joue un rôle crucial dans la conception et l'analyse des essais cliniques, qui sont essentiels pour évaluer la sécurité et l'efficacité de nouveaux traitements médicaux ou interventions. Les biostatisticiens aident à développer des pratiques avec des tailles d'échantillon, des techniques de randomisation et des groupes témoins appropriés pour garantir des résultats valides et fiables. Ils appliquent également des méthodes statistiques pour analyser les données collectées au cours des essais, déterminant si les effets observés sont statistiquement significatifs et orientant les décisions concernant l'approbation ou l'adoption potentielle du nouveau traitement. La biostatistique garantit que les essais cliniques respectent des normes scientifiques rigoureuses et des considérations éthiques.
2. **Études Épidémiologiques et Analyse de la Santé Publique** : La biostatistique fait partie intégrante de l'épidémiologie, l'étude des modèles, des causes et des effets des maladies au sein des populations. Les biostatisticiens analysent les données des études épidémiologiques pour identifier les tendances, les facteurs de risque et les associations entre les variables. Par exemple, ils pourraient explorer les données d'une étude de cohorte pour évaluer la relation entre le tabagisme et le cancer du poumon ou utiliser des études cas-témoins pour enquêter sur les épidémies de maladies infectieuses. La biostatistique aide à quantifier la force des associations, à contrôler les variables concordantes et à estimer des mesures telles que les risques relatifs et les rapports de côtes. Ces résultats éclairent les politiques de santé publique, les interventions et les mesures préventives visant à améliorer la santé de la population.

Dans les deux exemples, la biostatistique est utilisée pour collecter, analyser et interpréter des données en biologie et en soins de santé, contribuant ainsi aux progrès de la recherche médicale, des soins aux patients et des stratégies de santé publique.

[23] Kolassa, S., Rostami-Tabar, B., & Siemsen, E. (2023). *Demand forecasting for executives and professionals.* CRC Press.

5. Économétrie

L'économétrie applique des méthodes statistiques aux données économiques pour modéliser et analyser les relations économiques ou financières. L'économétrie prévoit les tendances économiques, évalue les effets des politiques économiques pour comprendre et prévoir le comportement économique.

Voici deux exemples de statistiques utilisées en économétrie :

1. **Analyse de Régression pour l'Estimation de la Demande** : L'économétrie utilise souvent l'analyse de régression pour estimer et quantifier les relations entre les variables économiques. Par exemple, une entreprise peut utiliser une analyse de régression pour évaluer comment les changements de prix, de revenus et d'autres facteurs affectent la demande pour son produit. En collectant des données sur les ventes historiques, les prix et d'autres variables pertinentes, les économistes peuvent créer un modèle de régression qui permet de prédire l'impact des modifications de ces facteurs sur la demande future. Ces informations sont cruciales pour que les entreprises puissent prendre des décisions en matière de prix, allouer efficacement les ressources et planifier les niveaux de production.
2. **Analyse de Séries Chronologiques pour les Prévisions Economiques** : L'analyse de séries chronologiques est une technique statistique utilisée en économétrie pour analyser et prévoir les données économiques qui évoluent, telles que les cours des actions, le PIB ou les taux de chômage. L'analyse des séries chronologiques traite des données collectées au fil du temps et vise à identifier les modèles, les tendances et la saisonnalité des données. Elle est couramment utilisée dans les prévisions financières, la modélisation économique et la surveillance environnementale.

Les économètres utilisent des modèles de Moyenne Mobile Intégrée Autorégressive (MMIA) pour identifier les modèles, les tendances et la saisonnalité dans les données de séries chronologiques. Ces modèles peuvent ensuite établir des prévisions à court et à long terme, aidant ainsi les décideurs politiques, les entreprises et les investisseurs à anticiper les conditions économiques et à prendre des décisions optimales. L'analyse des séries chronologiques est également utilisée pour évaluer l'impact des politiques financières et des chocs externes sur divers indicateurs économiques[24].

Dans les deux exemples, la statistique constitue un outil fondamental en économétrie, aidant les économistes à analyser des données, créer des modèles et à en tirer des informations significatives pour mieux comprendre les phénomènes économiques.

6. Statistique Multivariée

La statistique multivariée implique l'analyse simultanée d'ensembles de données comportant plusieurs variables. Elle comprend des techniques telles que l'analyse factorielle, l'Analyse en Composantes Principales (ACP) et l'analyse groupée pour explorer les relations entre les variables.

Exemples d'applications de statistique multivariée :

1. **Analyse en Composantes Principales (ACP) pour la Réduction de la Dimensionnalité** : L'ACP est une technique statistique multivariée largement utilisée qui vise à réduire la dimensionnalité d'un ensemble de données tout en préservant autant que possible sa variabilité. En finance, l'ACP peut être appliquée à un portefeuille d'actions pour identifier les principaux facteurs sous-jacents qui déterminent leurs rendements. En réduisant les dimensions de l'ensemble de données d'origine, les analystes peuvent se concentrer sur les composants les plus importants, ce qui facilite l'interprétation et la modélisation des relations entre les différents actifs. Cela aide à l'optimisation du portefeuille, à la gestion des risques et à l'identification des sources de risque et de rendement.

2. **Analyse de Cluster pour la Segmentation du Marché** : L'analyse de cluster est une technique multivariée utilisée pour regrouper des points de données similaires en fonction de leurs attributs. En marketing, les entreprises utilisent souvent l'analyse groupée pour segmenter leur clientèle en groupes distincts ayant un comportement d'achat, des préférences ou des données démographiques similaires. Les entreprises peuvent identifier les segments cibles et adapter leurs stratégies de marketing aux besoins de chaque groupe en analysant des données multivariées telles que l'âge du client, ses revenus, son historique d'achat et ses préférences. Cela permet des campagnes marketing plus efficaces, des offres personnalisées et une meilleure satisfaction des clients.

---

[24] Green, S. B., & Salkind, N. J. (2017). *Using SPSS for Windows and Macintosh: Analyzing and understanding data* (8th ed.). Upper Saddle River, NJ: Pearson.

Ces exemples montrent comment la statistique ou les statistiques multivariée(s) permet(tent) aux chercheurs et aux entreprises d'extraire des modèles significatifs, de réduire la complexité et de prendre des décisions éclairées basées sur des données impliquant plusieurs variables.

7. Statistique Non Paramétrique

La statistique non paramétrique ne repose pas sur des hypothèses spécifiques concernant la distribution des données sous-jacentes. Elle est utile lorsque les données ne répondent pas aux hypothèses des tests paramétriques traditionnels, offrant ainsi des alternatives robustes.

Exemples d'applications de statistique non paramétrique :

1. **Rank Sum Test (Mann-Whitney U Test) :** Le test U de Mann-Whitney est une méthode non paramétrique utilisée pour comparer deux groupes indépendants et déterminer si leurs distributions diffèrent de manière significative. Ce test est utile lorsque les hypothèses des tests paramétriques comme le test t ne sont pas remplies (par exemple, lorsque les données ne sont pas normalement distribuées ou lorsque les variances sont inégales). Par exemple, dans un essai clinique, les chercheurs pourraient utiliser le test U de Mann-Whitney pour comparer l'efficacité de deux traitements en analysant les réponses des patients plutôt que de supposer des propriétés de distribution spécifique des données.
2. **Coefficient de Corrélation de Rang de Spearman** : Le coefficient de corrélation de rang de Spearman est une mesure non paramétrique de la force et de la direction d'une relation monotone entre deux variables. Contrairement au coefficient de corrélation de Pearson, qui suppose une relation linéaire, le coefficient de Spearman n'exige pas que les données suivent une distribution spécifique ou aient une association linéaire. Cela le rend adapté à l'analyse de données ordinales ou classées. Par exemple, en sciences sociales, les chercheurs pourraient utiliser la corrélation de rang de Spearman pour évaluer la relation entre le classement du statut socio-économique des individus et leur niveau d'éducation sans supposer une tendance linéaire entre les variables.

Ces exemples démontrent l'utilisation de statistiques non paramétriques lorsque les hypothèses des méthodes paramétriques traditionnelles ne sont pas satisfaites ou lorsqu'il s'agit de données qui ne respectent pas des exigences de distribution spécifiques.

8. Contrôle de Qualité et Six Sigma

Le contrôle de qualité et Six Sigma utilisent des techniques statistiques pour surveiller et améliorer la qualité des produits et des processus dans les industries manufacturières et de services.

Exemples:

1. **Réduction des Défauts de Fabrication à l'Aide de Cartes de Contrôle (Contrôle de Qualité)** : Dans un environnement de fabrication, les cartes de contrôle sont couramment utilisées pour le contrôle de qualité. Prenons l'exemple d'une entreprise qui produit des composants électroniques tels que des puces électroniques. Elle doit mettre en œuvre des cartes de contrôle pour surveiller l'épaisseur de chaque micropuce. L'entreprise fixe des limites de contrôle supérieures et inférieures sur base de données et de spécifications historiques. À mesure que de nouvelles micropuces sont fabriquées, des échantillons sont prélevés et mesurés. Toute mesure dépassant les limites de contrôle déclenche une alerte, indiquant un problème potentiel dans le processus de fabrication. Cette détection précoce permet à l'entreprise d'enquêter et de corriger le problème avant de produire un grand lot de produits défectueux. Les cartes de contrôle aident à maintenir une qualité constante des produits en identifiant et en traitant les variations dans le processus de production.
2. **Réduire les Plaintes des Clients dans un Centre d'Appels (Six Sigma)** : Imaginez un centre d'appels qui reçoit les plaintes des clients concernant les longs délais d'attente et les problèmes non résolus. Pour résoudre ce problème, le centre d'appels applique la méthodologie Six Sigma. Dans ce cas, on définit le problème en mesurant des indicateurs clés tels que le temps d'attente moyen et les scores de satisfaction des clients. Ensuite, il faut analyser les causes profondes des problèmes, à l'aide d'outils tels que les diagrammes de Pareto, pour identifier les raisons les plus courantes des plaintes. Sur base de l'analyse, il faut mettre en œuvre des améliorations de processus telles que la rationalisation du routage des appels, l'optimisation des horaires du personnel et la fourniture de formations supplémentaires aux agents. Après avoir mis en œuvre les changements, le centre d'appels surveille les mesures pour garantir des améliorations durables. En appliquant systématiquement les principes Six

Sigma et les techniques statistiques, le centre d'appels réduit les plaintes des clients, améliore la qualité du service et augmente la satisfaction des clients[25].

Dans ces exemples, les techniques statistiques sont au cœur du contrôle de qualité et des méthodologies Six Sigma permettant aux entreprises d'identifier les domaines à améliorer, de prendre des décisions basées sur les données et d'améliorer la qualité globale des produits et services. Chaque type de statistique répond à un objectif unique et est appliqué dans des contextes spécifiques pour extraire des informations significatives et soutenir la prise de décision dans divers domaines d'études et d'industries.

2.5 Résumé du Chapitre

La statistique joue un rôle crucial dans n'importe quel type d'organisations. Elle aide à collecter, analyser et interpréter les données, fournissant ainsi des informations précieuses sur les tendances du marché, le comportement des consommateurs et les performances opérationnelles. En exploitant les données statistiques, les organisations peuvent prendre des décisions éclairées concernant le développement de produits, l'expansion du marché, l'allocation des ressources et l'évaluation des risques. Les organisations à but lucratif utilisent la statistique et les statistiques pour identifier les opportunités de croissance, optimiser les processus de production et améliorer l'expérience de la clientèle. En revanche, les organisations à but non lucratif utilisent la statistique et les statistiques pour évaluer l'impact de leurs initiatives, planifier des campagnes stratégiques et allouer efficacement les ressources. Dans le monde actuel axé sur les statistiques ou les données chiffrées, les organisations qui exploitent la puissance de la statistique et des bonnes statistiques sont mieux équipées pour prospérer et réussir dans leurs secteurs respectifs.

[25] Black, K. (2023). *Business statistics: for contemporary decision making*. John Wiley & Sons.

2.6 Cas Illustratif : Utilisation de la Statistique pour la Prise de Décision Eclairée (Cas de ABC Manufacturing)

Présentation : ABC Manufacturing est une entreprise manufacturière de taille moyenne spécialisée dans la production et vente des appareils électronique au grand public. Pour rester compétitif sur un marché en évolution rapide, ABC Manufacturing reconnaît le rôle essentiel de la statistique en tant que source de données et discipline scientifique dans l'optimisation de ses opérations et de ses processus décisionnels.

Rôle des Statistiques Comme Données : ABC Manufacturing collecte de grandes quantités de données tout au long de ses opérations, y compris les processus de production, le contrôle de qualité, les ventes et les commentaires des clients. Ces points de données constituent des éléments précieux pour l'analyse statistique, permettant à l'entreprise d'avoir un aperçu de ses performances, d'identifier les domaines à améliorer et de prendre des décisions éclairées.

Rôle de la Statistique Comme Science : La statistique est un outil scientifique puissant qu'ABC Manufacturing utilise pour extraire des informations significatives à partir de ses données. L'entreprise applique des méthodes et des techniques statistiques pour analyser les modèles, les tendances, les corrélations et les probabilités, qui éclairent les choix stratégiques et améliorent l'efficacité.

Application des Statistique Descriptives : Les statistiques descriptives ont considérablement amélioré la gestion de ABC Manufacturing. Les statistiques descriptives ont fourni un aperçu clair des indicateurs de performance clés en résumant et en présentant les données de manière significative.

***Exemple* :** ABC Manufacturing utilise des statistiques descriptives pour surveiller et améliorer l'efficacité de la production. Elles ont contribué à analyser le temps de production moyen par unité sur différents quarts de travail et jours de la semaine. Ces données étaient résumées à l'aide de mesures statistiques tel que la moyenne, le médiane et l'écart type.

Représentation Graphique : Pour visualiser les données et faciliter la prise de décision, ABC Manufacturing a utilisé un histogramme. L'histogramme affichait les ventes de production de 2019 à 2022.

Impact : En analysant et en présentant graphiquement les données de temps de production à l'aide des statistiques descriptives, ABC Manufacturing a identifié des inefficacités au cours de quarts de travail spécifiques. Cette idée a incité la direction à allouer les ressources plus efficacement, à ajuster les niveaux de personnel et à mettre en œuvre des améliorations des processus. En conséquence, l'efficacité de la production a augmenté, réduisant les coûts et améliorant les délais de livraison.

Le cas d'ABC Manufacturing illustre le double rôle de la statistique en tant que source de données et discipline scientifique. L'entreprise a amélioré ses processus de gestion en appliquant des statistiques descriptives et en visualisant les données sous forme de graphique, améliorant ainsi l'efficacité opérationnelle et contribuant finalement à sa compétitivité dans l'industrie électronique pour son grand public[26].

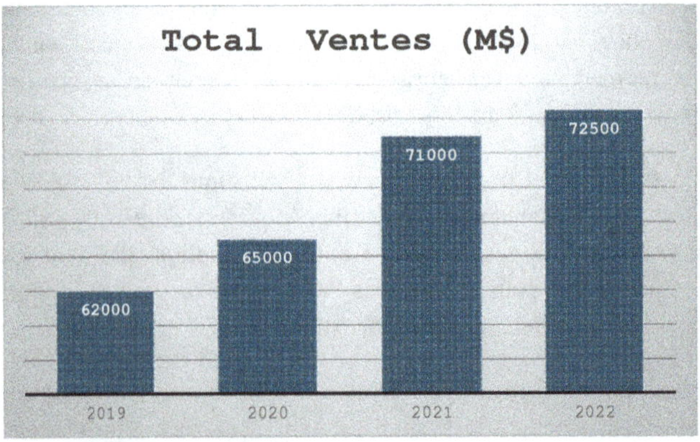

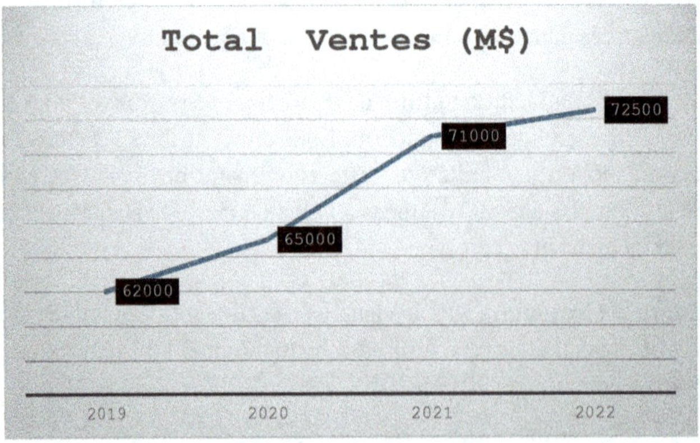

[26] ABC Assembly Inc. (2023). *We Are Electronic.* Retrieved from https://abcassembly.com/

2.7 Test pour Evaluer les Connaissances du Chapitre 2

1. Quel est l'objectif principal de la statistique en tant que science ?

   a) Pour manipuler des données

   b) Pour collecter des données

   c) Résumer et analyser les données

   d) Interpréter les données

2. Dans le contexte de statistique, à quoi sert les termes « statistiques descriptives » ?

   a) Prédire les tendances futures

   b) Résumer et décrire les données

   c) Concevoir des expériences

   d) Analyser les données à l'aide de modèles de régression

3. Comment l'analyse des données peut-elle profiter à une entreprise ou une organisation ?

   a) En augmentant les coûts de stockage des données

   b) En réduisant les efforts de collecte de données

   c) En améliorant la prise de décision et l'efficacité

   d) En complexifiant la collecte des données

4. Lequel des éléments suivants n'est PAS un type des données statistiques ?

   a) Données qualitatives

   b) Données quantitatives

   c) Données nominales

   d) Données émotionnelles

5. Quel est le rôle principal des statistiques inférentielles ?

   a) Pour décrire les données

   b) Faire des prédictions et déductions sur les populations

   c) Présenter les données à l'aide de graphiques

   d) Pour manipuler les données pour la visualisation

6. Lequel des éléments suivants constitue un avantage de l'utilisation de la visualisation de données dans les entreprises ou les organisations ?

a) Cela ajoute de la complexité à l'analyse des données

b) Cela rend les données plus difficiles à comprendre

c) Cela simplifie les données complexes pour une interprétation plus simple

d) Cela augmente les besoins de stockage de données

7. Quel type de graphique ou de diagramme est généralement utilisé pour montrer la distribution d'un ensemble de données ?

a) Graphique linéaire

b) Nuage de points

c) Histogramme

d) Graphique à barres

8. Quel type de données est catégorique et ne peut pas être ordonné ou classé ?

a) Données ordinales

b) Données d'intervalle

c) Données nominales

d) Données de ratio

9. Quel est l'objectif principal d'un graphique à barres verticales ou d'un graphique dans l'analyse des données ?

a) Pour afficher une série chronologique de données

b) Pour montrer la corrélation entre deux variables

c) Pour afficher et comparer les données.

d) Pour comparer différentes catégories de données

10. En statistique, à quoi fait référence le terme « corrélation » ?

a) Une mesure de la force et de la direction de la relation entre deux variables

b) Un type de visualisation de données

c) Un test statistique pour tester des hypothèses

d) Une méthode de collecte de données

2.8 Réponse au Test et Explication des Réponses

1. Répondez C.

L'objectif principal de la statistique dans l'organisation est de fournir un cadre systématique et rigoureux pour résumer et analyser les données, permettant aux gestionnaires d'extraire des connaissances, de prendre des décisions éclairées et de mieux comprendre l'environnement commercial.

2. Réponse B

Les statistiques descriptives servent de base à l'analyse statistique et à l'interprétation des données. Elles permettent aux responsables organisationnels d'acquérir des connaissances initiales, de rendre les données plus compréhensibles et de jeter les bases de techniques statistiques plus avancées, ce qui en fait un élément essentiel de la statistique.

3. Réponse C

L'analyse des données peut bénéficier à une entreprise ou à une organisation de diverses manières, notamment en améliorant la prise de décision et l'efficacité. L'analyse des données permet aux entreprises et aux organisations d'exploiter leurs données pour améliorer la prise de décision et l'efficacité opérationnelle. En extrayant des informations exploitables à partir des données, les gestionnaires des entreprises peuvent faire des choix plus éclairés, allouer les ressources plus efficacement et acquérir un avantage concurrentiel dans leurs secteurs respectifs.

4. Réponse D.

Les données émotionnelles ne sont pas considérées comme un type distinct de données en statistique, car l'analyse statistique traite principalement de données objectives, quantifiables et mesurables. En statistique, les données sont généralement classées dans les types suivants : nominal, ordinal, intervalle et rapport. En résumé, les données émotionnelles ne sont pas un type de données reconnu en statistique car elles ne correspondent pas aux catégories standard de données généralement analysées à l'aide de techniques statistiques.

5. Réponse B.

Le rôle principal de la statistique inférentielle est de faire des prédictions et des inférences sur les populations sur base des données collectées auprès d'un échantillon de cette population. En effet, la statistique inférentielle vise à déduire un groupe plus large (la population) à partir d'un sous-ensemble plus petit et représentatif (l'échantillon) de ce groupe. De plus, la statistique inférentielle utilise diverses techniques, notamment des intervalles de confiance, des tests d'hypothèses, des analyses de régression, etc., pour fournir un moyen structuré et systématique de faire des prédictions et des inférences sur les populations tout en tenant compte de l'incertitude inhérente associée à l'échantillonnage. C'est pourquoi faire des prédictions et des déductions sur les populations est le rôle principal de statistique inférentielle.

6. Réponse C.

L'avantage de l'utilisation de la visualisation de données dans les entreprises ou les organisations est de simplifier les données complexes afin d'en faciliter l'interprétation. Les représentations visuelles des données peuvent transmettre des informations plus efficacement que les chiffres bruts et les ensembles de données complexes. La visualisation des données permet aux individus de comprendre plus facilement les données, d'obtenir des informations et de les utiliser pour prendre des décisions éclairées, ce qui profite en fin de compte aux entreprises et aux organisations dans leurs efforts axés sur la gestion des données.

7. Réponse C

Un histogramme est généralement utilisé pour montrer la distribution d'un ensemble de données, car il fournit une représentation visuelle de la fréquence ou de la densité des points de données dans des « intervalles » spécifiques. Cela le rend particulièrement utile pour visualiser la distribution de données continues, telles que des mesures, des scores ou des valeurs. Dans l'ensemble, les histogrammes constituent un outil puissant pour résumer et visualiser les distributions de données, ce qui en fait un élément fondamental de l'analyse exploratoire des données et une aide précieuse pour l'interprétation des données et la prise de décision dans divers domaines, notamment la statistique comme science des données et de la recherche.

8. Réponse C.

Les données nominales ne peuvent pas être ordonnées ou classées car elles représentent des catégories ou des étiquettes sans ordre ni grandeurs inhérentes.

Dans la hiérarchie des types de données, les données nominales constituent la forme la plus simple et la plus basique de données catégorielles. Les données nominales sont principalement utilisées pour classer ou catégoriser les données en différents groupes, mais ne permettent pas de comparaisons ou de classements quantitatifs significatifs.

9. Réponse C.

L'objectif principal d'un graphique à barres verticales ou d'un diagramme dans l'analyse des données n'est pas nécessairement de hiérarchiser les problèmes ou les causes par ordre décroissant ; il s'agit plutôt d'afficher et de comparer des données ou des valeurs catégorielles pour différentes catégories. Les graphiques à barres verticales, ou graphiques à barres, sont polyvalents et largement utilisés à diverses fins, notamment la comparaison, la distribution, les tendances, la fréquence et le classement.

10. Réponse A.

En statistique, la « corrélation » fait référence à une mesure qui quantifie la force et la direction de la relation entre deux ou plusieurs variables. La corrélation est utilisée pour évaluer la manière dont les variables sont liées les unes aux autres. Il existe différents types de coefficients de corrélation, mais le plus courant est le coefficient de corrélation de Pearson (souvent noté « r »), qui mesure la relation linéaire entre deux variables continues.

Chapitre 3

Aperçu de la Comptabilité dans la Gestion

3.1 Introduction

Dans une bonne gestion d'entreprise, le rôle de la comptabilité constitue un pilier indispensable qui fournit une vision claire et complète de la santé et des performances financières d'une organisation. En tant que système complexe d'enregistrement, d'analyse et d'interprétation des transactions financières, la comptabilité est le fondement d'une prise de décision éclairée, de l'allocation des ressources et de la planification stratégique[27]. Dans ce chapitre 3 de ce guide complet sur la gestion d'entreprise, nous approfondissons l'importance fondamentale de la comptabilité et ses applications multiformes pour guider les organisations vers le succès et la longévité.

Face à la complexité des opérations transactionnelles dans le contexte moderne, des informations financières précises et fiables constituent l'épine dorsale de la prise des décisions managériales. Grâce à des méthodes précises et standardisées, la comptabilité offre un aperçu de la rentabilité, de la liquidité, de la solvabilité et de la stabilité financière globale d'une organisation. Grâce aussi aux états financiers, aux bilans, aux comptes de résultat et aux rapports sur les flux de trésorerie, les gestionnaires disposent des outils essentiels pour évaluer la performance financière de l'organisation et identifier les domaines à améliorer.

Dans ce chapitre, nous vous embarquons dans un voyage pour explorer les différentes facettes de la comptabilité dans la gestion d'entreprise. Nous commencerons par découvrir les principes et pratiques fondamentaux qui sous-tendent de bonnes méthodes comptables, en soulignant l'importance de la transparence, de l'exactitude et des normes éthiques. En outre, nous examinerons le rôle de la comptabilité dans la planification financière et la budgétisation, car les gestionnaires s'appuient sur des données financières fiables pour fixer des objectifs réalistes, allouer des ressources et s'adapter aux conditions changeantes du marché.

---

[27] Adebiyi, O. O. (2023). Exploring the impact of predictive analytics on accounting and auditing expertise: A Regression analysis of LinkedIn survey data. Available at SSRN 4626506.

Au-delà des rapports financiers, nous nous pencherons sur la comptabilité analytique, en examinant comment les organisations suivent et analysent les coûts pour optimiser la rentabilité et prendre des décisions opérationnelles optimales. Le concept de comptabilité de gestion vient au premier plan, où les données financières internes aident les gestionnaires à faire des choix opérationnels quotidiens, à optimiser les processus de production et à maximiser l'efficacité.

De plus, ce chapitre aborde également le rôle vital de la comptabilité dans la conformité et le respect de la réglementation. Nous explorons l'importance du respect des normes comptables, telles que les Principes Comptables Généralement Reconnus (PCGR) ou les Normes Internationales d'Information Financière (NIIF), pour garantir que les états financiers répondent aux exigences légales et inspirent confiance aux parties prenantes.

Au fur et à mesure que nous parcourons le chapitre 3, nous découvrirons que la comptabilité sert non seulement de fonction de tenue de registres, mais aussi d'outil stratégique qui guide les gestionnaires dans la compréhension des implications financières de leurs décisions. Des organisations naissantes aux sociétés multinationales, des organisations à but non lucratif aux entreprises à but lucratif, les principes comptables constituent un langage commun qui facilite une communication efficace et une prise de décision optimale dans toutes les facettes de la gestion d'entreprise.

Rejoignez-nous dans cette exploration du chapitre 3, où nous dévoilons les nuances de la comptabilité dans la gestion d'entreprise. Cette discipline permet aux managers de relever les défis, de saisir les opportunités et de conduire leurs organisations vers une croissance et une prospérité durable dans un paysage du business en constante évolution.

3.2 Qu'est-ce que la comptabilité ?

La comptabilité est le processus d'enregistrement, de synthèse, d'analyse et d'interprétation des transactions financières et des informations d'une organisation. Elle enregistre systématiquement toutes les activités comptables, y compris les revenus, les dépenses, les actifs et les passifs. L'objectif principal de la comptabilité est de fournir des données financières précises et fiables qui peuvent être utilisées pour la prise de décision, comprendre les rapports financiers et la gestion globale des ressources de l'organisation[28].

Le rôle et l'importance de la comptabilité dans les organisations à but lucratif et sans but lucratif sont importants et comprennent les éléments suivants :

1. Rapports Financiers

La comptabilité produit des états financiers, tels que le compte de résultat, le bilan et le tableau des flux de trésorerie, qui offrent un aperçu complet de la santé financière de l'organisation. Ces rapports sont essentiels pour la gestion interne et les parties prenantes externes, notamment les investisseurs, les créanciers et les donateurs.

2.Budgétisation et Planification

Les données comptables servent de base à la création de budgets et de plans financiers. Les organisations utilisent des informations financières historiques pour projeter leurs revenus, dépenses et flux de trésorerie futurs, ce qui leur permet de fixer des objectifs financiers réalistes et de prendre des décisions éclairées.

3.Conformité Fiscale

Des pratiques comptables appropriées sont cruciales pour remplir les obligations fiscales. Des rapports financiers fiables permettent aux organisations de calculer et de déclarer leurs obligations fiscales, évitant ainsi les pénalités et les problèmes judiciaires.

4. Évaluation des Performances

La comptabilité permet d'évaluer la performance financière d'une organisation au fil du temps. En analysant les états financiers et les ratios financiers clés, la direction peut identifier les points forts et les points faibles, ce qui leur permet de prendre des mesures correctives si nécessaire.

5. Allocation des Ressources

Les organisations à but lucratif et non lucratif doivent allouer efficacement leurs ressources à l'aide de données comptables pour fournir des informations sur les

---

[28] Kimmel, P. D., Weygandt, J. J., Kieso, D. E., Mitchell, J. E., Trenholm, B., Irvine, W., & Burnley, C. D. (2023). *Financial accounting: Tools for business decision making*. John Wiley & Sons.

structures de coûts, les flux de revenus et la rentabilité et permettre aux organisations d'optimiser leur utilisation des ressources.

6. Prise de Décision

Des informations financières solides sont essentielles pour prendre des décisions stratégiques. Les données comptables fournissent l'analyse financière nécessaire pour évaluer les opportunités et les risques potentiels, qu'il s'agisse du lancement d'une nouvelle gamme de produits, de l'expansion des opérations ou du lancement d'un nouveau projet.

7.Stabilité Financière

Les organisations à but lucratif ont besoin d'une comptabilité pour évaluer leur stabilité financière et leur rentabilité. Les organisations à but non lucratif s'appuient sur la comptabilité pour garantir des fonds suffisants pour remplir leurs missions et servir efficacement leurs bénéficiaires.

8. Responsabilité et Transparence

Des pratiques comptables appropriées favorisent la responsabilité et la transparence au sein d'une organisation. En tenant des corrects registres financiers, les organisations peuvent démontrer une gestion responsable des ressources aux parties prenantes et au public.

9. Confiance des Investisseurs et des Donateurs

Les organisations à but lucratif et à but non lucratif doivent inspirer confiance à leurs investisseurs et donateurs. Des registres financiers transparents et bien tenus favorisent la confiance et attirent les investisseurs et donateurs potentiels.

10.Conformité Légale

Les organisations doivent se conformer à diverses réglementations financières et normes de reporting. La comptabilité garantit que les organisations répondent à ces exigences, les protégeant ainsi des problèmes juridiques et réglementaires.

3.3 Qui Utilise les Données Comptables ?

Les utilisateurs internes et externes utilisent les données comptables pour évaluer la santé financière, les performances et la prise de décision d'une entreprise ou d'une organisation[29]. Voici comment les deux groupes utilisent les données comptables :

3.3.1 Utilisateurs Internes :

1. **Gestionnaires** : Les gestionnaires internes, en particulier à différents niveaux, s'appuient sur les données comptables pour prendre des décisions concernant l'allocation des ressources, la budgétisation, les stratégies de tarification, le contrôle des coûts et les activités opérationnelles. Les états et rapports financiers aident les gestionnaires à surveiller les performances et à orienter la planification stratégique.
2. **Employés** : Les employés des différents départements utilisent les informations comptables pour comprendre les implications financières de leurs activités[30]. Par exemple, les équipes de production peuvent utiliser les données de coûts pour optimiser les processus de fabrication, tandis que les équipes commerciales peuvent utiliser les informations sur les revenus et les bénéfices pour définir des objectifs de vente et évaluer les performances.
3. **Conseil d'Administration :** Les membres du conseil d'administration utilisent les données comptables pour évaluer la santé financière de l'entreprise, veiller aux performances de la gestion et prendre des décisions de haut niveau pour la bonne orientation de l'organisation.
4. **Investisseurs et Actionnaires** : Les investisseurs qui possèdent des actions dans une entreprise utilisent les données comptables pour évaluer les performances financières, le potentiel de croissance et les risques de l'entreprise avant de prendre des décisions d'investissement.

3.3.2 Utilisateurs Externes:

1. **Créanciers et Prêteurs** : Les banques, les institutions financières et autres créanciers utilisent les données comptables pour évaluer la solvabilité d'une entreprise et sa capacité à rembourser ses prêts. Ils analysent les états financiers pour prendre des décisions de prêt et déterminer les taux d'intérêt.
2. **Investisseurs** : Les investisseurs externes, tels que les particuliers, les fonds communs de placement et les investisseurs institutionnels, utilisent les données comptables pour évaluer les opportunités d'investissement, estimer

[29] Kimmel, P. D., Weygandt, J. J., Kieso, D. E., Mitchell, J. E., Trenholm, B., Irvine, W., & Burnley, C. D. (2023). Financial accounting: Tools for business decision making. John Wiley & Sons.
[30] Luamba, D. S., Chagadama, J., Blye, M. L., & James, K. C. The Impacts of Audit Transparency on Increasing Trust in Nonprofit Organizations.

les rendements potentiels et évaluer les risques associés à l'investissement dans une entreprise particulière.

3. **Agences Gouvernementales et Réglementaires** : Les agences gouvernementales, telles que les autorités fiscales, utilisent les données comptables pour garantir le respect des lois et réglementations fiscales.

Les organismes de réglementation peuvent également exiger des entreprises qu'elles fournissent des informations financières pour démontrer leur respect des normes spécifiques à leur secteurs.

4. **Fournisseurs et Vendeurs** : Les fournisseurs et les vendeurs peuvent analyser les états financiers d'une entreprise pour évaluer sa capacité à payer ses factures et à remplir ses obligations contractuelles.
5. **Clients :** Dans certains cas, les clients peuvent consulter les informations financières d'une entreprise pour évaluer sa stabilité et sa capacité à fournir des produits ou des services cohérents.

Les utilisateurs internes et externes s'appuient sur les données comptables pour prendre un large éventail des décisions qui ont un impact sur leurs interactions avec les entreprises, qu'elles soient liées à la gestion financière, aux investissements, aux prêts ou à la planification stratégique.

3.4 Les Eléments Constitutifs de la Comptabilité

Les éléments constitutifs de la comptabilité constituent la base d'une information financière précise et cohérente. Ces éléments de base comprennent:

1. **Normes et Ethiques en Comptabilité** : Les normes et standards éthiques sont essentiels en comptabilité pour garantir l'exactitude, la transparence et l'intégrité de l'information financière. Les comptables doivent adhérer à des principes éthiques tels que l'honnêteté, l'objectivité, la confidentialité et la compétence professionnelle. Ces normes guident les comptables dans des jugements et décisions impartiaux lors de la préparation et de la présentation des états financiers.
2. **Principes Comptables (Principles Comptables Généralement Reconnus– PCGR)** : Les principes comptables sont les directives fondamentales régissant la manière dont les transactions et événements financiers doivent être enregistrés, déclarés et interprétés. Les PCGR fournissent un cadre standardisé pour l'information financière, garantissant

la cohérence et la comparabilité entre différentes organisations et secteurs[31]. Des exemples de principes comptables incluent le principe de comptabilisation des revenus, le principe d'appariement et le principe du coût historique.

3. **Hypothèses :** Les hypothèses sont des concepts fondamentaux qui sous-tendent le processus comptable et l'information financière. Elles aident les comptables à faire des estimations et des interprétations réalistes face aux incertitudes. Trois hypothèses importantes qui existent en comptabilité sont :
   - Hypothèse de continuité d'exploitation : Cette hypothèse suppose que l'entreprise continuera à fonctionner indéfiniment. Elle permet aux comptables d'évaluer les actifs et les passifs en fonction de leur utilisation à long terme plutôt que de leur liquidation immédiate.
   - Hypothèse de cohérence : Cette hypothèse exige que les méthodes et pratiques comptables restent cohérentes dans le temps, permettant des comparaisons significatives des états financiers d'une période à l'autre.
   - Hypothèse de période : Cette hypothèse divise le processus d'information financière en intervalles de temps spécifiques (par exemple, mois, trimestres, années), permettant aux entreprises de fournir des mises à jour régulières et opportunes sur leurs performances financières.

Ces éléments de base créent collectivement un cadre qui guide les comptables dans l'enregistrement et la déclaration des informations financières de manière précise et transparente. Ils contribuent à garantir que les états financiers sont fiables, comparables et utiles à la prise de décision des différentes parties prenantes.

3.5 L'équation Comptable de Base

L'équation comptable de base, l'équation comptable fondamentale ou équation du bilan, sert de base à la comptabilité en partie double et à l'information financière. Elle est formulée comme ainsi :

Actif = Passif + Capitaux Propres[32]

---

[31] Joshi, P., & India, U. (2023). Role of Financial Reporting Standards in Enhancing Transparency and Accountability: An Empirical Study.

[32] Kasim, C., & Lobo, A. C. (2023). Stockholder's Equity. Available at SSRN 4511159.

Voici une ventilation des composantes de l'équation comptable de base :

1. **Actifs :** Les actifs représentent les ressources économiques détenues ou contrôlées par une entreprise ou organisation qui ont une valeur mesurable et offrent des avantages futurs. Les actifs peuvent inclure des éléments corporels tels que des liquidités, des stocks, des équipements et des biens immobiliers, ainsi que des actifs incorporels tels que des brevets et des marques.
2. **Les passifs** sont les obligations ou les dettes qu'une entreprise doit à des parties externes. Ils résultent de transactions ou d'événements passés et représentent des créances sur les actifs de l'entreprise. Des exemples de passifs comprennent les prêts, les comptes créditeurs et les charges à payer.
3. **Capitaux Propres** : Ils représentent l'intérêt résiduel dans les actifs d'une entreprise après déduction du passif. Ils reflètent les créances des propriétaires sur les actifs de l'entreprise ou organisation. Les capitaux propres comprennent les actions ordinaires, les bénéfices non répartis et le capital supplémentaire apporté ou versé.
4. **Analyse des Transactions** : L'analyse des transactions identifie et enregistre les effets financiers des transactions opérationnelles sur l'équation comptable. Chaque transaction opérationnelle ou commerciale affecte au moins deux comptes, un compte débité et un autre crédité. Le total des débits doit toujours être égal au total des crédits pour maintenir l'équilibre dans l'équation comptable.

Par exemple, si une entreprise emprunte 10 000 $ à une banque, l'analyse de la transaction impliquerait d'augmenter le compte d'actif « Cash » de 10 000 $ (débit) et d'augmenter le compte de passif « Prêt à payer » de 10 000 $ (crédit). Cela maintient l'équation comptable en équilibre :

Actif (10 000 $) = Passif (10 000 $) + Capitaux Propres (reste inchangé)

L'équation comptable de base est un outil comptable fondamental permettant de garantir que les états financiers d'une entreprise reflètent fidèlement sa situation financière et ses performances.

3.6 Différents Types de Comptabilité dans les Organisations

La comptabilité dans les organisations peut être classée en différents types ou catégories, chacune servant un objectif spécifique et contribuant aux processus globaux de gestion financière et de reporting. Voici quelques-unes des principales catégories de comptabilité au sein d'une organisation :

1. **Comptabilité Financière** : La comptabilité financière implique la préparation et la présentation des états financiers d'une organisation pour les parties prenantes externes, telles que les investisseurs, les créanciers, les régulateurs et le grand public. Ces états, y compris le bilan, le compte de résultat et le tableau des flux de trésorerie, fournissent un aperçu complet de la performance et de la situation financières de l'entreprise.
2. **Comptabilité de Gestion** : La comptabilité de gestion fournit aux gestionnaires internes les informations financières nécessaires à la prise de décision, à la planification et au contrôle. Ce type de comptabilité comprend la comptabilité analytique, la budgétisation, l'analyse des écarts et la mesure des performances. Elle aide les gestionnaires à allouer efficacement les ressources, à contrôler les coûts et à prendre des décisions stratégiques.
3. **Comptabilité Analytique** : La comptabilité analytique implique le suivi et l'analyse des coûts engagés par une organisation pour produire des biens ou fournir des services. Elle permet de déterminer le coût des produits, d'évaluer la rentabilité des différentes gammes de produits et de prendre des décisions en matière de prix.
4. **Comptabilité Fiscale** : La comptabilité fiscale garantit le respect des lois et réglementations fiscales. Cela implique de calculer et de déclarer les impôts à payer, de préparer les déclarations de revenus et de se tenir au courant des modifications apportées aux lois fiscales afin d'optimiser la situation fiscale de l'organisation.
5. **Audit :** L'audit consiste à examiner les dossiers financiers, les transactions et les contrôles internes d'une organisation pour évaluer leur exactitude, leur exhaustivité et leur conformité aux normes et réglementations comptables. Les auditeurs indépendants effectuent des audits externes, tandis que le service d'audit interne d'une organisation mène les audits internes.
6. **Juricomptabilité :** La juricomptabilité combine des compétences comptables, d'enquête et des connaissances juridiques pour découvrir la fraude financière, le détournement de fonds et d'autres irrégularités financières. Les juricomptables peuvent être impliqués dans des procédures judiciaires et fournir des témoignages d'experts devant les tribunaux.
7. **Comptabilité Nationale ou Gouvernementale :** Les organisations gouvernementales qui sont à but non lucratif ont des exigences comptables

spécifiques en raison de leurs sources de financement et de leurs besoins en matière de rapports uniques. Ces organisations suivent souvent des normes comptables différentes tel que (les Principes Comptables Généralement Reconnus – PCGR) adaptées à leur secteur.

8. **Comptabilité Internationale** : La comptabilité internationale traite des normes et pratiques comptables à l'échelle mondiale, en tenant compte des diverses réglementations comptables et exigences en matière des rapports des différents pays. Les organisations ayant des opérations internationales doivent composer avec les variations des règles comptables et des devises.
9. **Comptabilité Environnementale** : La comptabilité de durabilité, également connue sous le nom de comptabilité sociale, se concentre sur la mesure et le report de l'impact environnemental et social d'une organisation. Cela inclut le suivi des émissions de carbone, de la consommation d'énergie, des initiatives de responsabilité sociale et d'autres mesures de performance non financières.
10. **Comptabilité des Systèmes d'Information de Gestion** (CSI) : la CSI implique l'utilisation de technologies et de systèmes d'information pour collecter, traiter et analyser des données financières à des fins de prise de décision et présentation des rapports. Elle comble le fossé entre la comptabilité et les technologies de l'information pour améliorer l'efficacité et la précision des opérations financières.

Ces catégories de comptabilité fonctionnent ensemble pour garantir des rapports financiers précis, une prise de décision efficace, le respect des réglementations et une allocation efficace des ressources au sein d'une organisation.

3.7 Présentation des Etats Financiers

Les états financiers sont des documents cruciaux qui fournissent une vue complète de la performance financière, de la situation et des flux de trésorerie d'une entreprise sur une période donnée. Voici un aperçu des états financiers comme mentionné précédemment:

1. **Compte de Résultat** : Aussi connu sous le nom de Compte de Profit et Pertes (CPP), le compte de résultat résume les revenus, les dépenses et le bénéfice net ou la perte nette d'une entreprise sur une période spécifique (généralement un

trimestre ou une année fiscale). Il montre combien d'argent l'entreprise a gagné grâce à ses opérations et combien elle a dépensé pour générer ses revenus[33].

La formule du compte de résultat est donnée par:

Revenu net = Revenus totaux - Dépenses totales

Le compte de résultat aide les parties prenantes à comprendre la rentabilité de l'entreprise et à évaluer sa capacité à générer des bénéfices.

2. **Bénéfices Non Distribués** : L'état des bénéfices non répartis montre les modifications apportées au compte des bénéfices non répartis d'une entreprise sur une période donnée. Les bénéfices non distribués représentent les bénéfices ou les pertes nets accumulés qu'une entreprise a conservé pour les réinvestir dans l'entreprise plutôt que de les distribuer sous forme de dividendes. Le rélevé commence par le solde d'ouverture des bénéfices non répartis, ajouté le bénéfice net et soustrait les dividendes pour calculer le solde final des bénéfices non répartis.

   Bénéfices non répartis = Début des bénéfices non distribués + Résultat net - Dividendes

   Cette déclaration donne un aperçu de la manière dont les bénéfices ont été réinvestis dans l'entreprise au fil du temps.

3. **Bilan :** Également appelé état de la situation financière, présente un état instantané de la situation financière d'une entreprise à un moment précis. Il répertorie les actifs, les passifs et les capitaux propres de l'entreprise, en suivant l'équation comptable de base (**Actif = Passif + Capitaux propres**). Le bilan aide les parties prenantes à comprendre la santé financière de l'entreprise et la relation entre ses ressources (actifs) et ses obligations (passif).
4. **Flux de Trésorerie** : L'état des flux de trésorerie fournit des informations sur les entrées et sorties de trésorerie d'une entreprise au cours d'une période spécifique, classées en activités d'exploitation, d'investissement et de financement. Il aide les parties prenantes à comprendre comment une entreprise génère et utilise sa trésorerie et sa capacité à faire face à ses obligations à court et à long terme. L'état des flux de trésorerie est divisé en

[33] Aziz, F. (2023). *Beyond the Ledger: Enhancing Global Sustainability through Data-Driven Accounting Frameworks*. Farooq Aziz.

trois sections : activités d'exploitation, activités d'investissement et activités de financement.

4.1. Activités d'Exploitation ou Opérationnelles

En comptabilité, les activités opérationnelles font référence aux flux de trésorerie directement liés aux activités principales de l'entreprise. Ces activités comprennent la génération de revenus, les dépenses quotidiennes et les modifications du fonds de roulement.

Exemple : Star Light LLC vend des produits d'une valeur de 100 000 $ à ses clients. L'entreprise verse également 50 000 $ à ses fournisseurs pour les achats de stocks. De plus, elle collecte 30 000 $ auprès de ses clients qui achetaient auparavant des produits à crédit. Enfin, elle verse 20 000 $ à ses employés en salaire.

Trésorerie reçue des clients : 100 000 $ (ventes) + 30 000 $ (recouvrements sur comptes clients) = 130 000 $

Argent comptant versé aux fournisseurs : 50 000 $ (achats de stocks)

Salaire payé en espèces : 20 000 $.

Flux de trésorerie nets liés aux activités d'exploitation : 130 000 $ - 50 000 $ - 20 000 $ = 60 000 $

4.2. Activités d'Investissement :

Les activités d'investissement impliquent l'acquisition et la cession d'actifs à long terme qui ne sont pas considérés comme faisant partie des activités principales de l'entreprise. Ces activités comprennent l'achat ou la vente d'immobilisations corporelles et les investissements dans des titres d'autres sociétés.

Exemple : Star Light Consulting LLC achète une nouvelle usine de fabrication pour 200 000 $ et vend une vieille machine pour 50 000 $. Elle investit également 100 000 $ dans les actions d'une autre société.

Paiement en espèces pour une nouvelle usine de fabrication : 200 000 $.

Argent reçu de la vente de vieilles machines : 50 000 $.

Liquidités investies en actions : 100 000 $.

Flux de trésorerie net provenant des activités d'investissement : (200 000 $ + 100 000 $) - 50 000 $ = 250 000 $

4.3. Activités de Financement :

Les activités de financement impliquent des transactions avec les propriétaires et les créanciers qui affectent la structure du capital de l'entreprise. Ces activités comprennent l'émission ou le rachat d'actions de la société, l'obtention ou le remboursement de prêts et le versement de dividendes aux actionnaires.

Exemple : Star Light Consulting LLC émet 300 000 $ d'obligations pour financer son expansion, rembourse 50 000 $ de ses prêts en cours et verse 20 000 $ de dividendes à ses actionnaires.

Trésorerie reçue de l'émission d'obligations : 300 000 $.

Espèces versées pour le remboursement du prêt : 50 000 $.

Espèces versées pour les dividendes : 20 000 $.

Flux de trésorerie nets provenant des activités de financement : 300 000 $ - 50 000 $ - 20 000 $ = 230 000 $

Ces exemples illustrent comment les flux de trésorerie sont classés en activités d'exploitation, d'investissement et de financement en comptabilité, fournissant ainsi un aperçu de la manière dont une entreprise génère et utilise ses ressources de trésorerie.

Le tableau des flux de trésorerie garantit que le résultat net déclaré par l'entreprise dans le compte de résultat est rapproché de ses flux de trésorerie réels.

Ces états financiers offrent une vue complète de la performance financière, de la situation et des flux de trésorerie d'une entreprise, aidant ainsi les investisseurs, les créanciers, la direction et les autres parties prenantes à prendre des décisions objectives et fiables.

3.8 Résumé du Chapitre

En tant que langage des affaires, la comptabilité est indispensable tant aux organisations à but lucratif qu'à celles à but non lucratif. Cela implique l'enregistrement, la synthèse et l'analyse des transactions financières, ce qui aide les organisations à surveiller leur santé financière, leur rentabilité et leur durabilité. Les organisations à but lucratif utilisent la comptabilité pour préparer des états financiers, calculer les profits et les pertes, évaluer les flux de trésorerie et garantir le respect des normes fiscales et réglementaires. Les organisations à but non lucratif utilisent la comptabilité pour maintenir la transparence, gérer les contributions des donateurs, allouer des fonds à divers projets et démontrer leur responsabilité envers leurs parties prenantes. Des pratiques comptables efficaces permettent aux organisations de gérer efficacement leurs ressources, d'évaluer leurs performances et de remplir leurs obligations financières, contribuant ainsi au succès et à la longévité.

3.9 Cas Illustratifs

3.9.1 Décisions d'Investissement Basées sur des Données Comptables Fiables

Présentation : Riaz Alkozai, un investisseur expérimenté, envisage d'investir dans Star Light Consulting LLC, une entreprise moyenne de consultation. Pour prendre une décision d'investissement éclairée, Riaz s'appuie sur les états financiers de l'entreprise pour les années précédentes 2021 et 2022, pour avoir des informations précieuses sur sa santé financière et son potentiel de croissance.

Problème : Star Light Consulting LLC opère dans un marché concurrentiel et en plein développement qui nécessite des solutions innovantes dans le secteur de l'investissement. Riaz est impressionné par le produit de l'entreprise et par son potentiel à innover et s'imposer dans le marché. Cependant, avant d'engager ses fonds, Riaz souhaite s'assurer de la stabilité financière et des perspectives de croissance de l'entreprise.

Fiabilité et Crédibilité des Données Comptables : Riaz examine les états financiers de Star Light Consulting LLC pour 2021 et 2022, y compris le bilan, le compte de résultat et le tableau des flux de trésorerie. Ces états fournissent un aperçu complet de la situation financière, des performances et des flux de trésorerie de l'entreprise au cours des deux dernières années.

Indicateurs Clés:

1. **Croissance des Revenus** : Riaz a remarqué une augmentation significative des revenus de l'entreprise par rapport à l'année précédente. Cela suggère une forte demande du marché pour les produits de l'entreprise.
2. **Rentabilité** : Le compte de résultat révèle que le bénéfice net de Star Light Consulting LLC a également augmenté, ce qui indique que l'entreprise gère efficacement ses coûts et génère des bénéfices.
3. **Flux de Trésorerie** : Riaz examine attentivement le tableau des flux de trésorerie pour évaluer la capacité de l'entreprise à générer des liquidités grâce à ses activités opérationnelles. Un flux de trésorerie opérationnel positif indique la capacité de l'entreprise à financer ses opérations sans dépendre fortement d'un financement externe.
4. **Niveaux d'Endettement :** Le bilan montre que les niveaux d'endettement de la société Star Light Consulting LLC sont gérables et conformes aux normes du secteur. Cela indique une gestion financière prudente et réduit le risque d'insolvabilité.

Décision d'Investissement :

Sur la base des données comptables fiables et crédibles contenues dans les états financiers de Star Light Consulting LLC, Riaz est confiant de la santé financière et le potentiel de croissance de l'entreprise. Les indicateurs positifs de croissance des revenus, de rentabilité, de flux de trésorerie sains et de niveaux d'endettement gérables correspondent aux critères d'investissement de Riaz.

Résultat de l'Investissement : Riaz décide d'investir un montant substantiel dans Star Light Consulting LLC, reconnaissant que la solidité financière de l'entreprise et sa trajectoire de croissance prometteuse en font une opportunité attrayante de rendements à long terme. Au cours des prochaines années, Star Light Consulting LLC réussira à étendre sa présence sur le marché et à réaliser ses projections de croissance, ce qui se traduira par un investissement rentable pour Riaz.

Ce scénario illustre le rôle essentiel de données comptables fiables et crédibles pour guider les décisions des investisseurs. En analysant minutieusement les états financiers d'une entreprise, les investisseurs peuvent avoir un aperçu de sa santé financière, de ses perspectives de croissance et de son profil de risque global, ce qui leur permet de faire des choix d'investissement éclairés et conformes à leurs objectifs.

Star Light Consulting LLC
Compte de Resultat
Au 31 December

	2021	2022
Revenu		
Services de Consultation	$1,245,965.00	$1,854,875.00
Revenu Total	$1,245,965.00	$1,854,875.00
Moins Depenses		
Publicite	$118,091.45	$123,996.02
Frais Bancaires	$8,957.71	$9,405.60
Assurances	$1,864.44	$1,957.66
Honoraires & Professionals	$16,305.86	$171,121.15

Star Light Consulting LLC
Bilan
Au 31 December

	2021	2022
Actifs Actuels		
Cash	$190,675.00	$236,500.62
Comptes Clients	$497,870.00	$478,715.90
Notes a CT	$127,545.00	$385,435.00
Total Actifs Courants	$816,090.00	$1,100,651.52
Valeure Immobiliere		
Furniture de Bureau	$71,164.00	$71,164.00
Ordinateurs et Logiciels	$32,992.00	$52,992.00

Depenses du Bureau	$28,348.48	$29,765.90
Frais de véhicule	$73,486.33	$106,948.60
Paie - Salaires et traitements	$461,007.05	$695,955.00
Charges Sociales	$35,267.04	$53,240.56
Loyer	$158,100.00	$158,100.00
Frais de téléphone	$39,010.32	$48,552.00
Services Utilitaires	$26,233.03	$35,628.00
Dépenses totals	$966,671.71	$1,434,670.49
Bénéfice/Perte Net	$279,293.29	$420,204.51
Moins d'impôts sur les sociétés	$61,444.52	$92,444.99
	$217,848.77	**$327,759.52**

Vehicles	$120,098.00	$149,121.00
Total Immobilisations	$224,254.00	$273,277.00
Total Actifs	**$1,040,344.00**	**$1,373,928.52**
Passifs Actuelles		
Effets a payer	$25,766.00	$28,765.00
Emprunt a CT	$48,101.00	$63,567.00
Total Passifs Courant	$73,867.00	$92,332.00
Prêts Long Term	$93,650.00	$62,545.00
Total Passifs	$167,517.00	$154,877.00
Équité		
Capital versé	$275,000.00	$275,000.00
Benefices restitués	$306,111.23	$523,960.00
	$217,848.77	$327,759.52
	$798,960.00	$1,126,719.52
Bénéfice/Perte Net	**$1,040,344.00**	**$1,373,928.52**

3.9.2. Planification et Contrôle Budgétaire pour l'Entreprise Royal Lodge

Introduction

La planification et le contrôle budgétaires sont des outils les plus importants dont les dirigeants doivent disposer pour garantir la viabilité à long terme d'une entreprise. Pour réussir, les dirigeants doivent planifier et disposer d'un ensemble efficace de contrôles internes pour garantir le respect des politiques et procédures de la direction[34]. Comme expliqué précédemment, il existe différentes méthodes pour gérer le budget d'une organisation, mais les plus utilisées sont l'analyse des écarts et la prévision.

Problème : Royal Lodge est confronté à un défi financier en fonction du montant réel de ses recettes, et doit développer un plan d'action adapté pour résoudre ce désalignement.

Description de la Société

Royal Lodge est une société à parts égales créée en septembre 2013 par Orphelia Buttermilk et Okaine Newman. Orphelia et Okaine sont amies depuis l'université et toutes deux sont titulaires d'un diplôme de premier cycle en marketing.

Le Royal Lodge était à l'origine connu sous le nom de Coach House Bed and Breakfast. Il a été construit en 1939 et est considéré comme l'un des rares hôtels à accueillir des visiteurs en quête d'évasion en montagne dans la région de Black Mountain, dans le comté de Buncombe, à Ashville, en Caroline du Nord, aux États-Unis d'Amérique. Le lodge est un « paradis loin de chez soi » et propose 30 chambres meublées individuellement, chacune avec son thème montagne[35].

Avec ses 12 employés, le Royal Lodge offre à ses hôtes un cadre serein pour profiter des nombreuses splendeurs des magnifiques montagnes de Caroline du Nord et des sentiers naturels de promenade et de randonnée. Avec la reprise économique à cause d'attractions touristiques dans la région, Royal Lodge prévoit d'agrandir son nombre de chambres de 30 à 35 et prévoit une modeste augmentation de 30 % du loyer des unités par an pour les prochaines années. Cette projection est basée sur l'augmentation moyenne générale du tourisme dans la région d'Ashville qui a vu le taux d'occupation annuel passer de 69,00 $ en 2021 à 112,00 $ en 2023, avec des revenus de 987 800 $ pour l'exercice 2022.

Pour maintenir son niveau d'activité et la rendre plus performante et rentable, la Loge Royale souhaitait superviser et produire une planification et un contrôle budgétaires appropriés.

---

[34] Koutoupis, A. G., & Malisiovas, T. (2023). The effects of the internal control system on the risk, profitability, and compliance of the US banking sector: A quantitative approach. *International Journal of Finance & Economics, 28*(2), 1638-1652.
[35] TripAdvisor, LLC (2023) *Ashville Hotels.* Retrieved from http://www.tripadvisor.com/hotels-g60742-Ashville_North_Carolina-Hotels.html

Raisons de Préparer et de Gérer un Budget d'Entreprise

Comme expliqué ci-dessus, il existe de nombreuses raisons de préparer et de gérer un budget, notamment pour les petites entreprises en croissance. Premièrement, la préparation et la gestion d'un budget devraient permettre à la direction de conserver suffisamment de liquidités pour payer les créanciers, de disposer de suffisamment de matières premières pour répondre aux exigences de production et de disposer de produits finis adéquats pour répondre aux ventes attendues.

Une deuxième raison pour laquelle Royal Lodge doit préparer et gérer un budget approprié est d'évaluer les performances à chaque niveau de responsabilité. Le budget 2022 fournit des données historiques sur les revenus, les coûts et les dépenses qui aideront à formuler les futurs objectifs budgétaires de l'entreprise.

L'un des résultats financiers positifs permettant à Royal Lodge d'établir une budgétisation efficace et appropriée est de faciliter le rapprochement des activités au sein de l'entreprise en intégrant la production et la promotion des ventes avec les ventes attendues.

Encore une fois, une budgétisation appropriée se traduira par une plus grande sensibilisation de la direction aux opérations globales de l'entreprise et à l'impact sur les opérations de facteurs externes, tels que les tendances économiques. Royal Lodge peut également être confrontée à des résultats financiers négatifs en produisant une mauvaise budgétisation. Par exemple, l'entreprise peut connaître une mauvaise liquidité en raison d'une mauvaise gestion des fonds et du risque de faillite si l'entreprise cesse ses activités.

Plan Budgétaire de Haut Niveau pour l'Entreprise

Pour répondre aux exigences de vente, Royal Lodge doit établir un budget de haut niveau fournissant un résumé des coûts estimés pouvant l'aider à atteindre ses objectifs financiers. Ce budget de haut niveau comprend diverses rubriques telles que les achats directs de matériaux, la publicité, les taxes, etc. qui sont très importantes pour l'entreprise. Les phases budgétaires les plus appropriées pour l'entreprise sont :

- Premièrement, la préparation des programmes opérationnels et financiers en intégrant les considérations de tous les départements dans le budget final.
- La phase 2 est l'approbation du budget. Cela inclut les priorités budgétaires après ajustement du budget final.

- La troisième phase est l'exécution du budget par le chef de l'exécutif après avoir procédé à quelques derniers ajustements en fonction des besoins budgétaires.
- La phase finale est l'évaluation du budget par les managers et autres parties prenantes de l'entreprise. Cette phase est la phase budgétaire la plus critique pour l'entreprise car elle montre une image claire du budget de l'entreprise. Ainsi, les gestionnaires et les parties prenantes (propriétaires) peuvent prendre des décisions pour corriger tous les écarts.

Pour illustrer toutes les informations données ci-dessus, voici un échantillon du budget de vente de Royal Lodge.

ROYAL LODGE
Budget des Dépenses de Vente et de L'Administration
Pour Année Finissant au 31 Décembre 2022

	Trimestre				
	1	2	3	4	Annee
Budget des Ventes/ Unité	2,720	2,730	2,725	2,730	10,905
Charges Variables					
Commissions de vente (10$ per unit)	$27,200	27,300	27,250	27,300	109,050
		$27,30		$27,30	$109,05
Total Charges Variables	$27,200	0	$27,250	0	0
Charges Fixes					
Publicité	30,000	30,000	30,000	30,000	120,000
Salaires des Ventes	23,000	23,000	23,000	23,000	92,000
Taxes Fonciers et assurance	1,000	1,000	1,000	1,000	4,000
Total Charges Fixes	54,000	54,000	54,000	54,000	216,000
		$81,30		$81,30	$325,05
Total frais de vente et administration	$81,200	0	$81,250	0	0

Méthodes et Techniques de Gestion du Budget

Il existe de nombreuses méthodes et techniques pour gérer et préparer le budget dans le temps. L'une de ces techniques est la prévision budgétaire, qui empêche les dépenses d'aller trop loin en faisant des prévisions réalistes sur l'affectation des ressources. Pour éviter les incertitudes financières, les prévisions peuvent être mensuelles, trimestrielles ou annuelles.

L'autre méthode importante qui peut aider à gérer le budget au fil du temps est une analyse périodique des écarts. Dans cette méthode, on examine les écarts de coût des matières premières, de la main-d'œuvre et des revenus par rapport à l'estimation budgétaire. L'analyse des écarts budgétaires chaque mois peut aider à prendre des mesures correctives et à garantir que le budget se situe dans la fourchette prévue.

Plan d'Action pour Résoudre le Désalignement Budgétaire

S'il y a un désalignement dû à un défi financier, des mesures doivent être prises pour résoudre cet écart. La meilleure façon de résoudre le budget et les écarts réels sera d'utiliser la Budgétisation Base Zéro (BBZ). La BBZ est une méthode de préparation budgétaire qui commence chaque période avec une table rase. Avec cette technique, les managers doivent repartir de zéro et justifier les budgets à chaque période.

En outre, les gestionnaires doivent analyser le coût de l'activité, identifier des moyens alternatifs d'y parvenir, établir la performance de l'activité, etc., en décrivant les activités dans un « ensemble de décisions ». Ainsi, le gestionnaire sera en mesure d'identifier et d'éliminer les activités et dépenses inefficaces. Dans l'ensemble, le recours à BBZ contribuera à une allocation efficace des ressources et à résoudre le désalignement budgétaire.

Conclusion

D'après toutes les informations fournies ci-dessus, nous pouvons conclure qu'une planification et un contrôle budgétaire approprié peuvent avoir un impact positif sur la gestion d'une entreprise telle que Royal Lodge, et que le fait de ne pas préparer ou présenter une budgétisation efficace dans l'entreprise peut entraîner des conséquences tel que la faillite. Ainsi, pour prévenir et garantir le succès, la Loge Royale doit utiliser des techniques de gestion budgétaire efficaces pour élaborer des budgets appropriés fiables.

3.10. Test d'Evaluation des Connaissances du Chapitre 3

1. Quel est l'objectif principal de la comptabilité financière ?

   a. Prise de décision interne

   b. Reporting aux parties prenantes externes

   c. Gestion de la paie des salariés

   d. Planification stratégique

2. Quelle équation comptable représente la relation fondamentale en comptabilité ?

   a. Actif = Passif + Capitaux propres

   b. Revenus = Dépenses

   c. Débits = Crédits

   d. Bénéfice = Revenus - Dépenses

3. Quelle est l'importance de la comptabilité pour un exercice comptable donné ?

   a. Reconnaître les transactions uniquement lorsque de l'argent est reçu ou payé.

   b. Faire correspondre les revenus et les dépenses lorsqu'ils sont gagnés ou engagés.

   c. Enregistrer les transactions au moment où elles sont contractées.

   d. Se concentrer sur le tableau des flux de trésorerie.

4. Quel état financier donne un aperçu de la situation financière d'une entreprise à un moment précis ?

   a. Relevé de revenue

   b. Tableau des flux de trésorerie

   c. Bilan

   d. État des bénéfices non répartis.

5. Quel type de compte est « Amortissement accumulé » ?

   a. Compte de revenus

   b. Compte de dépenses

   c. Compte d'actif

   d. Compte de passif

6. Quelle hypothèse comptable suppose qu'une entreprise continuera à fonctionner indéfiniment ?

a. Hypothèse de matérialité

b. Hypothèse de continuité d'exploitation.

c. Hypothèse de cohérence

d. Hypothèse d'unité monétaire

7. Quel état financier présente les revenus et les dépenses d'une entreprise sur une période spécifique ?

a. Bilan

b. Rélévé de revenue

c. État des flux de trésorerie

d. État des bénéfices non répartis.

8. Quelle est la formule de calcul du rendement des capitaux propres (ROE) ?

a. Revenu net / Actif total moyen

b. Résultat Net / Capitaux Propres Moyens

c. Revenu total / Actif total moyen

d. Revenu total / Capitaux propres moyens

9. Lequel des éléments suivants est un exemple d'actif incorporel ?

a. Bâtiments

b. Atterrir

c. Brevets

d. Inventaire

10. A quoi sert le tableau des flux de trésorerie ?

a. Pour rendre compte de la situation financière d'une entreprise à un moment précis.

b. Fournir des informations sur les activités de liquidité et de trésorerie d'une entreprise.

c. Pour détailler l'évolution des capitaux propres sur une période déterminée

d. Pour déclarer les revenus et les dépenses sur une période spécifique.

3.11 Réponses au Test et Explications des Réponses

1. Réponse B

L'objectif principal de la comptabilité financière est de fournir des informations financières pertinentes, fiables et opportunes qui facilitent la prise de décision, la transparence et la responsabilité pour un large éventail de parties prenantes à l'intérieur et à l'extérieur de l'organisation.

2. Réponse A

L'équation comptable doit toujours être équilibrée, ce qui signifie que l'actif total d'une entreprise doit être égal à la somme de son passif et de ses capitaux propres. Cela reflète le principe comptable de base selon lequel chaque transaction a un double effet, impactant à la fois le côté gauche (actifs) et le côté droit (passif et capitaux propres) de l'équation.

3. Réponse B

La comptabilité d'un exercice comptable est essentielle car elle fait correspondre les revenus et les dépenses avec les périodes au cours desquelles ils sont gagnés ou engagés plutôt qu'avec le moment où l'argent est reçu ou payé. Cette méthode comptable fournit une représentation plus précise de la situation financière d'une entreprise.

Bien que la comptabilité d'un exercice comptable fournisse une représentation plus précise des activités financières d'une entreprise, elle nécessite un suivi minutieux des créances, des dettes et d'autres transactions non monétaires. Les transactions en espèces ne sont comptabilisées que lorsque des espèces sont échangées.

4. Réponse C

Le bilan est un état financier qui donne un aperçu de la situation financière d'une entreprise à un moment précis. Il s'agit de l'un des trois principaux états financiers, avec les états de résultat et de flux de trésorerie. Le bilan est parfois appelé « état de la situation financière » car il présente un résumé de l'actif, du passif et des capitaux propres d'une entreprise.

L'équation du bilan, comme mentionné précédemment, est Actif = Passif + Capitaux propres.

5. Réponse C

Le compte « Amortissements cumulés » est classé comme compte de contre-actif. Il enregistre la charge d'amortissement totale imputée aux actifs d'une entreprise au fil du temps. L'amortissement accumulé a un solde créditeur, qui est à l'opposé du solde débiteur normal des actifs.

6. Réponse B

L'hypothèse comptable qui suppose qu'une entreprise continuera à fonctionner indéfiniment est appelée « hypothèse de continuité d'exploitation ». Cette hypothèse est un principe fondamental de la comptabilité financière et de l'information financière.

L'hypothèse de continuité d'exploitation implique que lors de la préparation des états financiers, les comptables supposent que l'entité restera en activité dans un avenir prévisible, généralement les 12 prochains mois ou plus. Cette hypothèse est cruciale pour la bonne application des principes comptables et la présentation de l'information financière.

7. Réponse B

Le compte de résultat, également appelé compte de profits et pertes, est un état financier qui présente les revenus et les dépenses d'une entreprise sur une période donnée. L'objectif principal du compte de résultat est de montrer la rentabilité de l'entreprise au cours d'une période donnée. Il résume les performances de l'entreprise en matière de génération de revenus, de contrôle des dépenses et, en fin de compte, de réalisation d'un bénéfice ou de perte.

8. Réponse B

Le Retour sur Capitaux Propres (Return On Equity : ROE) est un ratio financier qui mesure la rentabilité et l'efficacité avec laquelle une entreprise utilise ses capitaux propres pour générer des bénéfices.

Rendement des capitaux propres (ROE) = Revenu net/Capitaux propres moyens

Le ROE est une mesure clé pour les investisseurs et les analystes, car il donne un aperçu de la capacité de l'entreprise à générer des bénéfices grâce aux investissements des actionnaires. Cependant, il est important de prendre en compte les références du secteur et de comparer le ROE avec d'autres ratios financiers pour analyser la performance financière d'une entreprise de manière globale, car les secteurs peuvent avoir des fourchettes typiques de ROE différentes en raison des variations des modèles commerciaux, des structures de capital et des profils de risque[36].

9. Réponse C

Les brevets sont en effet un exemple d'actif incorporel. Les actifs incorporels manquent de substance physique mais détiennent une valeur économique pour une entreprise. Les brevets représentent spécifiquement des droits exclusifs accordés par un gouvernement à un inventeur ou à un cessionnaire pour une période limitée, généralement 20 ans, afin d'empêcher d'autres de fabriquer, d'utiliser ou de vendre une invention appropriée.

D'autres exemples d'actifs incorporels comprennent les marques déposées, les droits d'auteur, la clientèle, les secrets commerciaux et les listes de clients. Les actifs incorporels sont cruciaux pour de nombreuses entreprises, en particulier celles des secteurs de la technologie, des produits pharmaceutiques et d'autres secteurs où l'innovation et la propriété intellectuelle jouent un rôle important.

Une comptabilité et présentation des comptes appropriés des actifs incorporels, y compris les brevets, sont essentiels pour fournir une image complète et précise de la situation financière d'une entreprise.

10. Réponse B

L'objectif principal du tableau des flux de trésorerie est de fournir des informations sur les activités de liquidité et de flux de trésorerie d'une entreprise au cours d'une période donnée. Le tableau des flux de trésorerie est l'un des trois principaux états financiers, aux côtés du compte de résultat et du bilan.

Le tableau des flux de trésorerie fournit une vue complète des entrées et sorties de trésorerie d'une entreprise. Son objectif principal est d'évaluer la capacité de l'entreprise à générer et à gérer des liquidités, à évaluer la liquidité et à comprendre l'impact des diverses activités de flux de trésorerie sur l'entreprise.

[36] Huang, Y. C., Han, L. X., & Xie, W. H. (2024, March). Application of Big Data Analysis in Identifying Problems in Financial Reporting of BYD Company. In Modern Economic Management Forum (Vol. 2, No. 1).

Chapitre 4

Aperçu de Finance dans la Gestion

4.1 Introduction

Dans un monde dynamique des affaires et en évolution rapide, la finance apparaît comme une force motrice qui façonne le paysage financier des grandes, moyennes, et petites organisations. Ce chapitre 4 de ce guide de gestion d'organisations explore le rôle crucial de la finance dans l'orientation des entreprises ou organisations vers le succès, la croissance et la viabilité financière. En tant que discipline régissant l'allocation, la gestion et l'utilisation des ressources financières, la finance est au cœur de la prise des décisions stratégiques, de la planification des investissements et de l'évaluation des risques.

Dans ce chapitre, nous allons examiner les applications multiformes de la finance dans la gestion d'organisations, découvrir son importance pour l'optimisation de la rentabilité, la gestion de fonds de roulement et la garantie de la stabilité financière à long terme. À la base, la finance permet aux managers de faire des choix éclairés qui correspondent aux objectifs de l'organisation, en recherchant des opportunités de croissance tout en atténuant des risques potentiels.

Nous allons expliquer les principes de la gestion financière et examiner les concepts essentiels de la valeur temporelle de l'argent, du risque et du rendement, ainsi que du coût du capital. Ces éléments fondamentaux constituent les éléments de base permettant d'évaluer les opportunités d'investissement, d'analyser les décisions de budgétisation des investissements et de déterminer la structure de capital optimale.

Nous allons aussi explorer le rôle de la finance dans la planification et les prévisions financières. Les managers ou gestionnaires des organisations obtiennent des informations précieuses sur l'allocation des ressources, la gestion des revenus et des dépenses grâce à la budgétisation et aux projections financières, garantissant ainsi une feuille de route financière solide pour l'avenir.

De plus, ce chapitre aborde également l'importance de l'analyse financière dans la gestion d'entreprise. Nous allons dévoiler les techniques et les outils utilisés pour évaluer la performance financière, analyser les états financiers et évaluer la liquidité, la rentabilité et la solvabilité de l'organisation. La finance joue un rôle essentiel dans la prise de décisions d'investissement critiques, dans la poursuite de la croissance et de l'expansion. Nous allons parcourir les principes d'analyse des investissements, comprenant comment les organisations identifient les opportunités lucratives, diversifient les portefeuilles et évaluent les compromis risque-récompense.

De plus, la gestion des risques fait partie intégrante de la finance dans la gestion des entreprises. De l'identification et de l'évaluation des risques à la mise en œuvre de stratégies d'atténuation des risques, les gestionnaires s'appuient sur l'expertise financière pour sauvegarder les intérêts de l'organisation et assurer la résilience face aux incertitudes.

Au fur et à mesure que nous parcourons ce chapitre 4, nous démontrerons que la finance n'est pas simplement un département au sein d'une organisation mais un partenaire stratégique influençant la prise de décision à tous les niveaux. Des organisations naissantes à la recherche de financement, aux entreprises établies optimisant leurs performances financières, les principes financiers restent la pierre angulaire de la réussite des affaires ou du business.

La finance donne aux gestionnaires le sens financier nécessaire pour relever les défis, saisir les opportunités et mener leurs organisations vers la prospérité dans un paysage des affaires en constante évolution. De la planification financière à l'analyse des investissements, de la gestion des risques à l'évaluation des performances, les principes de la finance guident les gestionnaires sur la voie d'une croissance durable et de l'excellence financière.

4.2 Qu'est-ce que la Finance ?

La finance est le domaine d'étude qui traite de la gestion de l'argent, des investissements et des ressources financières d'une organisation. Cela implique de prendre des décisions concernant l'acquisition, l'allocation et l'utilisation des fonds pour atteindre les objectifs de l'organisation. La finance englobe diverses activités, notamment la planification financière, la budgétisation, l'analyse des investissements, la gestion des risques et l'allocation du capital.

Le rôle et l'importance de la finance dans les organisations à but lucratif et à but non lucratif sont importants et comprennent les éléments suivants :

1. **Acquisition de capital** : La finance aide les organisations à déterminer les sources de financement les plus appropriées, telles que les capitaux propres, les dettes ou les bénéfices non répartis, pour soutenir leurs opérations et leur croissance. Cela implique des décisions liées à la levée de capitaux auprès d'investisseurs ou à l'emprunt auprès d'institutions financières.
2. **Décisions d'investissement :** La finance joue un rôle essentiel dans l'évaluation des opportunités d'investissement et la détermination de la meilleure allocation des fonds. Les organisations analysent des projets, des acquisitions ou des expansions potentiels pour évaluer leur viabilité financière et leurs rendements potentiels.
3. **Planification financière et budgétisation** : La finance joue un rôle déterminant dans la création des plans financiers et de budgets qui correspondent aux objectifs stratégiques de l'organisation. Cela implique de prévoir les besoins financiers futurs, d'estimer les revenus et les dépenses et de fixer des objectifs financiers.
4. **Gestion des risques** : La finance aide les organisations à identifier et à gérer les risques financiers, tels que les fluctuations du marché, les variations des taux d'intérêt ou les risques de crédit. Des stratégies efficaces de gestion des risques sont essentielles à la fois pour la rentabilité et la stabilité financière.
5. **Gestion du fonds de roulement** : La finance supervise la gestion des actifs et des passifs à court terme pour assurer le bon déroulement des opérations quotidiennes. Une bonne gestion du fonds de roulement est essentielle pour maintenir la liquidité et respecter les obligations financières à court terme.
6. **Analyse financière** : La finance utilise divers ratios, mesures et outils financiers pour analyser la performance financière et la santé de l'organisation. Cette analyse guide la prise des décisions, identifie les domaines à améliorer et facilite la planification à long terme.
7. **Contrôle des coûts et rentabilité** : La finance facilite les initiatives de contrôle des coûts pour améliorer la rentabilité. Cela implique d'analyser les structures de coûts, d'identifier les opportunités de réduction des coûts et d'optimiser l'allocation des ressources.
8. **Rapports financiers et conformité** : La finance produit des rapports et des états financiers conformes aux normes comptables et aux exigences réglementaires. Des rapports financiers précis et opportuns sont essentiels pour les parties prenantes externes et la gestion interne.
9. **Gestion des actifs** : La finance supervise la gestion des actifs de l'organisation, y compris les investissements, les stocks et les

immobilisations. Une bonne gestion des actifs garantit une utilisation optimale et une maximisation des rendements.

4.3 Le Rôle de Finance

Le rôle de la finance au sein d'une entreprise ou d'une organisation englobe une gamme de fonctions critiques qui contribuent à son succès et à sa durabilité globale.

La finance est cruciale dans la gestion d'une organisation car elle fournit le cadre permettant de prise des décisions stratégiques et de gestion des ressources financières. Elle aide les organisations à allouer efficacement leurs fonds, à investir judicieusement, à gérer les risques et à assurer leur viabilité financière à long terme. Sans une bonne gestion financière, les organisations auraient du mal à respecter leurs obligations financières, à tirer parti des opportunités de croissance et à maintenir leur compétitivité sur le marché. Une gestion financière efficace est essentielle pour le succès, la croissance et la rentabilité des organisations à but lucratif et à but non lucratif.

Voici un aperçu des rôles mentionnés dans la finance :

1. **Investissement :** La finance joue un rôle central dans la prise de décisions d'investissement qui maximisent la valeur des actifs de l'organisation. Cela implique d'évaluer les opportunités d'investissement potentielles, telles que les projets, les acquisitions ou les nouvelles entreprises, afin de déterminer leurs risques et leurs rendements potentiels. Les analystes financiers utilisent des outils tels que la Valeur Actuelle Nette (VAN), le Taux de Rendement Interne (TRI) et la période de récupération pour évaluer et prioriser les investissements qui correspondent aux objectifs stratégiques de l'entreprise et qui génèrent des flux de trésorerie positifs.
2. **Fraude, Contrôle Interne et Gestion de Trésorerie** : Le service financier établit et maintien des systèmes de contrôle interne qui protègent les actifs de l'entreprise et garantissent l'exactitude des rapports financiers. Cela comprend la mise en œuvre de procédures pour prévenir la fraude, détecter les erreurs et garantir le respect de la réglementation. De plus, le service financier gère les flux de trésorerie en surveillant les entrées et sorties de trésorerie, en optimisant le fonds de roulement et en maintenant des niveaux de liquidités appropriés pour répondre aux besoins opérationnels et aux obligations financières.

3. **Analyse des Flux de Trésorerie :** Les professionnels de la finance jouent un rôle crucial dans la préparation et l'analyse des flux de trésorerie. Cet état donne un aperçu de la manière dont la trésorerie est générée et utilisée au sein de l'organisation, en catégorisant les flux de trésorerie en activités d'exploitation, d'investissement et de financement. Une gestion efficace des flux de trésorerie est essentielle pour maintenir la stabilité financière, financer les initiatives de croissance et respecter les obligations financières.
4. **Analyse des Etats Financiers :** Les experts financiers analysent les états financiers pour évaluer la santé et les performances financières d'une entreprise. Ils évaluent les indicateurs clés de liquidité, de solvabilité, de rentabilité et d'efficacité grâce à des techniques telles que l'analyse des ratios, l'analyse des tendances et l'analyse comparative. Cette analyse aide les parties prenantes à comprendre les forces et les faiblesses financières de l'entreprise, à prendre des décisions d'investissement éclairées et à identifier les domaines à améliorer.

4.4 Différents Types de Finance dans les Organisations

La finance dans les organisations peut être largement classée en plusieurs types ou catégories, chacune remplissant des fonctions spécifiques et contribuant à la gestion financière globale et au processus décisionnel. Voici quelques-unes des principales catégories de finance au sein d'une organisation :

1. **Finance d'Entreprise :** La finance d'entreprise consiste à gérer les ressources financières d'une entreprise pour atteindre ses objectifs globaux et maximiser la valeur pour les actionnaires. Elle comprend des activités telles que la budgétisation des investissements (décision sur les investissements), la gestion de la structure du capital (combinaison de capitaux propres et de dettes) et la politique de dividendes (comment les bénéfices sont distribués aux actionnaires). La finance d'entreprise implique également l'analyse financière, la gestion des risques et la planification financière.
2. **Finance Managériale** : La finance managériale se concentre sur les décisions financières prises au sein du département ou de l'unité commerciale spécifique de l'organisation. Les gestionnaires utilisent les données et analyses financières pour prendre des décisions liées à la budgétisation, au contrôle des coûts, à l'allocation des ressources et aux opportunités d'investissement. Ce type de financement aide les

responsables opérationnels à garantir une utilisation efficace des ressources.

3. **Financement des Investissements** : Le financement des investissements évalue diverses opportunités d'investissement et prend des décisions éclairées concernant l'allocation de fonds des différents actifs ou projets. Cette catégorie implique la gestion de portefeuille, l'allocation d'actifs, l'évaluation des risques et l'analyse des marchés financiers pour optimiser les rendements tout en gérant les risques.
4. **Gestion des Risques Financiers** : La gestion des risques financiers implique l'identification, l'évaluation et l'atténuation de divers risques financiers auxquels une organisation pourrait être confrontée. Cela comprend le risque de crédit (risque de non-paiement par les emprunteurs), le risque de marché (risque dû aux variations des prix du marché), le risque opérationnel (risque lié aux processus internes) et le risque de liquidité (risque de fonds insuffisants pour faire face aux obligations financières).
5. **Finance Internationale** : La finance internationale traite des transactions financières et de la prise de décision au-delà des frontières internationales. Elle comprend la gestion des changes, l'évaluation et la gestion des opportunités d'investissement international et la navigation dans les complexités des environnements réglementaires et des fluctuations monétaires.
6. **Finance Publique** : La finance publique concerne les activités et décisions financières des gouvernements et des entités publiques. Elle englobe la génération de recettes publiques (fiscalité), l'allocation des dépenses publiques, la gestion de la dette publique et les politiques de stabilisation économique.
7. **Finance Spéculative ou Comportementale** : La finance comportementale explore les facteurs psychologiques et émotionnels qui influencent les décisions financières prises par les individus et les organisations. Ce domaine examine comment les biais cognitifs et les émotions peuvent conduire à un comportement irrationnel et avoir un impact sur les résultats financiers.
8. **Finance Personnelle** : Les finances personnelles se concentrent sur la gestion des finances individuelles ou familiales, y compris la budgétisation, l'épargne, l'investissement et la planification de la retraite. Bien qu'elle ne soit pas directement liée aux finances organisationnelles, le bien-être financier des employés peut avoir un impact indirect sur leur productivité et leur satisfaction au travail.

9. **FinTech et Financement de l'Innovation :** Avec l'essor de la technologie et de l'innovation, la finance a également évolué pour inclure la FinTech (Technologie Financière) et le financement de l'innovation. Cela implique de tirer parti de la technologie pour développer de nouveaux produits, services et plateformes financiers capables de rationaliser les processus, d'améliorer l'expérience de la clientèle et de fournir des solutions innovantes.

Ces catégories financières travaillent ensemble pour garantir que les ressources financières d'une organisation sont gérées efficacement, que les risques sont identifiés et atténués, que les investissements sont bien choisis et que les objectifs financiers sont atteints.

4.5 Résumé du Chapitre

Le rôle de la finance est multiforme. Il englobe diverses responsabilités, allant de l'évaluation des opportunités d'investissement à la garantie des contrôles internes, à la gestion des flux de trésorerie et à la réalisation d'une analyse approfondie des états financiers. Les professionnels de la finance contribuent à la prise des décisions stratégiques en fournissant des informations qui stimulent la croissance, atténuent les risques et améliorent le bien-être financier global de l'organisation.

La finance est également essentielle à la gestion organisationnelle, car elle alloue et gère les ressources financières. Les organisations à but lucratif dépendent de la finance pour déterminer les structures du capital optimal, évaluer les opportunités d'investissement, gérer le fonds de roulement et prendre des décisions financières stratégiques. Les organisations à but non lucratif utilisent la gestion financière pour planifier leurs budgets, optimiser leurs efforts de collecte de fonds et allouer efficacement les ressources pour atteindre leurs objectifs sociaux ou caritatifs.

4.6 Cas Illustratifs

4.6.1: Stratégies d'Investissement dans Blye Family LLC – Décision Basée sur Un rapport d'Audit

Aperçu : The Blye Family LLC, une société financière de premier plan, envisage un investissement à long terme dans l'industrie hôtelière en Virginie, aux États-Unis. La décision d'investir est motivée par un rapport d'audit complet démontrant une bonne gestion financière, un flux de trésorerie solide et aucune indication de fraude dans l'établissement hôtelier ciblé.

Problème : La famille Blye a identifié un hôtel de luxe en Virginie comme une opportunité d'investissement potentielle. Avant d'engager son capital, The Blye Family LLC effectue une vérification préalable pour garantir la stabilité financière et le potentiel de croissance de l'hôtel.

Rapport d'Audit : The Blye Family LLC charge un cabinet d'audit réputé de vérifier minutieusement les dossiers financiers de l'hôtel au cours des trois dernières années (2020, 2021 et 2022). Le rapport d'audit révèle les principales constatations suivantes:

1. **Origine Claire des Fonds** : L'audit confirme que les fonds de l'hôtel proviennent de sources légitimes et transparentes. Aucune irrégularité ou transaction suspecte ne suscite d'inquiétude quant à l'origine des capitaux.
2. **Bonne Gestion des Flux de Trésorerie** : Les états financiers de l'hôtel démontrent une gestion cohérente et saine des flux de trésorerie. Les revenus provenant des réservations de salles, des événements et d'autres services sont bien documentés et les dépenses sont gérées efficacement.
3. **Flux de Trésorerie Efficace** : Les projections de flux de trésorerie de l'hôtel indiquent un flux de revenus stable et durable, même en cas de fluctuations saisonnières. Cela suggère que l'hôtel peut générer des flux de trésorerie positifs pour les dépenses opérationnelles et le service de la dette.
4. **Absence des Indicateurs de Fraude** : Le rapport d'audit ne confirme aucun signe de fraude financière, de mauvaise gestion ou de pratiques contraires à l'éthique au sein des opérations financières de l'hôtel.

Décision d'Investissement Stratégique : Sur base des conclusions du rapport d'audit, The Blye Family LLC détermine que l'hôtel représente une bonne opportunité d'investissement. L'origine claire des fonds de l'hôtel, ses solides flux de trésorerie, ses solides pratiques de gestion de trésorerie et l'absence d'indicateurs de fraude correspondent aux critères d'investissement de l'entreprise en matière de viabilité à long terme et de potentiel de croissance.

Mise en Œuvre de la Stratégie d'Investissement : The Blye Family LLC procède à un investissement à long terme dans l'industrie hôtelière en acquérant une participation importante dans l'hôtel de luxe basé en Virginie. L'entreprise s'appuie sur son expertise dans le secteur de finance pour mettre en œuvre un plan stratégique visant à améliorer l'expérience de la clientèle, à améliorer l'efficacité opérationnelle et à maximiser les rendements.

Résultat de l'Investissement : Au cours des prochaines années, l'hôtel connaîtra une croissance constante des taux d'occupation, des revenus et de la rentabilité. L'exécution réussie de la stratégie d'investissement se traduit par une reconnaissance accrue de la marque, des avis positifs des clients, et un meilleur positionnement de l'hôtel sur le marché dans le secteur hôtelier en Virginie.

Cette étude de cas illustre l'importance d'un rapport d'audit solide pour orienter les décisions financières. En comprenant clairement la santé financière, les flux de trésorerie et les pratiques de gestion de l'hôtel, le rapport d'audit permet à The Blye Family LLC d'investir en toute confiance dans l'industrie hôtelière, conduisant finalement à un investissement à long terme réussi et rentable en Virginie, aux États-Unis.

FLUX DE TRESORERIE	2020	2021	2022
CASH / Revenus des Ventes			
Cash Ventes	$1,000,000	$1,020,000	$1,040,000
Total cash /Ventes	$1,000,000	$1,020,000	$1,040,000
Revenus de Financement			
Intérets Recus	$0	$888	$1,206
Total cash financements	$0	$888	$1,206
TOTAL CASH RECUS	$1,000,000	$1,020,888	$1,041,206
CASH DECAISSES			
Inventaires	$16,000	$16,320	$16,646
Depenses de Fonctionnement	$110,216	$110,216	$110,216
Commissions/Returns & Allowances	$12,500	$12,750	$13,006
TOTAL CASH DECAISSE	$138,716	$139,286	$139,868
CASH FLOW NET	$861,284	$881,602	$901,338

4.6.2: Analyse Financière de PSC 7-Eleven

Informations Générales de PSC 7-Eleven

Philippine Seven Corporation (« PSC ») a été enregistrée auprès de la Securities and Exchange Commission («SEC ») le 23 novembre 1982. Elle a acquis auprès de South Corporation (maintenant Seven Eleven, Inc. ou « SEI ») de Dallas, Texas, la licence pour exploiter des magasins 7-Eleven aux Philippines le 13 décembre 1982. Les opérations ont commencé avec l'ouverture de son premier magasin le 29 février 1984, au coin de Kamias Road et d'EDSA Quezon City, dans la région métropolitaine de Manille. Compte tenu de la situation économique du pays, l'entreprise s'est développée lentement au cours de ses premières années.

Le siège social est situé à Mandaluyong City, aux Philippines.

PSC exploite actuellement 1. 281 magasins aux États-Unis d'Amérique, dont 743 sont des magasins franchisés et les 538 autres sont des magasins appartenant à l'entreprise. 7-Eleven est également présent à Taïwan, en Chine, aux Philippines et au Japon, avec 8 200 magasins. Les magasins 7-Eleven proposent une large gamme de boissons, d'articles de restauration, d'aliments frais, d'aliments chauds, d'aliments surgelés, de confiseries, de biscuits et de chips, de produits de soins personnels, d'épicerie, d'essence et d'autres besoins et services quotidiens pour un confort moderne pour les résidents des quartiers, les voyageurs, les étudiants et autres acheteurs urbains.

À l'exception du Bénéfice par Action (EPS), les états financiers consolidés sont présentés en milliers de pesos philippins, lieu de résidence de la société mère. Au 31 décembre 2014, l'entreprise avait, par exemple, un chiffre d'affaires provenant des ventes de marchandises de 17. 107. 375,00 P, un coût des ventes de marchandises de 12. 861. 596,00 P, un bénéfice par action de 1,91 (EPS) et un flux de trésorerie net de 268. 659,00 P ; et en 2012, à la même date, la société avait un chiffre d'affaires de la vente de marchandises de 11. 713. 760,00 P, un coût des ventes de marchandises de 8. 553. 239,00 P, un bénéfice par action de 1,01(EPS) et un flux de trésorerie net de 20. 885,00 P. En comparant ces données de 2012 à 2014, il ressort que les revenus provenant des ventes de marchandises ont augmenté de 46,0 %, le coût des ventes de marchandises a augmenté de 50,4 %, le bénéfice par action (EPS) a augmenté de 89,1 % et le flux de trésorerie net a augmenté de 7,8 %. [1]. Celles-ci peuvent être justifiées pour des nombreuses raisons.

La justification du choix de PSC 7-Eleven sera discutée. Les ratios et les cours des actions seront analysés, la stratégie pour minimiser l'investissement à risque sera expliquée et quelques recommandations seront données.

Choix de PSC 7-Eleven

Le choix de PSC 7-Eleven dans cet article est justifié par sa rentabilité, la taille de son entreprise et sa plus forte expansion à l'étranger. PSC 7-Eleven est non seulement une entreprise nationale mais aussi une entreprise internationale. Bien qu'implantée partout, elle est aussi respectueuse de l'environnement et des réglementations gouvernementales locales, ce qui entre en ligne de compte l'action d'affronter des concurrents avant de prendre toute décision d'investissement[37].

	2012	2013	2014
Benefice Brut	3,146,534	3,472,020	4,245,779
Revenu Net	465,176	682,626	873,345
Profit Marginal	3.51%	4.61%	4.92%
EPS	1.01	1.49	1.91

Profil de l'Investisseur

Les investisseurs sont généralement intéressés à investir dans l'entreprise qui possède les actions les moins risquées et les moins volatiles, en particulier dans l'entreprise qui réalise le plus de bénéfices. La marge nette (%) est l'un des outils financiers mesurant la rentabilité de l'entreprise, et la détermination de la marge bénéficiaire aidera les investisseurs et les dirigeants à savoir si le prix des marchandises suit l'évolution du coût des stocks (cotation en bourse) ou si l'entreprise maintient une marge adéquate entre les ventes et les dépenses. Ainsi, l'entreprise doit déterminer le taux de profit brut, un pourcentage obtenu en divisant le bénéfice brut par les ventes nettes et la marge bénéficiaire, qui mesure ainsi le pourcentage de chaque dollar de ventes résultant d'un revenu net[1]. En analysant les états financiers consolidés comme indiqué ci-dessous, il ressort que

De 2012 à 2014, le bénéfice brut a augmenté de 34,9 %, le revenu net de 87,7 % et les actions ont augmenté de 89,1 %. Cela signifie que la marge moyenne entre le prix de vente et le coût des stocks augmente, et que l'entreprise a un rendement

[37] Financial Statement of 7-Eleven (2014). *PSC Annual Report SEC Form.* Retrieved from http://www.7eleven.com.ph/investors_relation.php?title=Annual+Repor

favorable sur chaque peso de ventes et que le bénéfice par action est plus rentable, ce qui pourrait attirer des investisseurs dans l'entreprise[38].

Le bénéfice par action ou (Earning Per Share, EPS) a augmenté de 89,1 %. Cela signifie que la marge moyenne entre le prix de vente et le coût des stocks augmente, que l'entreprise a un rendement favorable sur chaque peso de ventes et que le bénéfice par action est plus rentable, ce qui pourrait attirer les investisseurs souhaitant investir dans l'entreprise[39].

En outre, la détermination du coefficient bêta permet de mesurer la volatilité ou la sensibilité du cours ou de la valeur des actions d'une entreprise par rapport au mouvement général ou à la fluctuation du prix actuel du marché. Il mesure et classe les risques systématiques impliqués dans le marché des valeurs mobilières, c'est-à-dire la volatilité relative inhérente au marché financier général et au système d'organisation. Si bêta est égal à 1, l'action ou le titre moyen présente un risque similaire à celui du marché moyen. S'il est inférieur à 1, le risque de marché moyen est généralement inférieur à la moyenne du marché en général. Si bêta est supérieur à 1, cela indique que le risque et le rendement moyens du marché sont supérieurs au rendement moyen de l'ensemble du marché. PSC 7-Eleven Beta est de 2,6, ce qui signifie qu'il est supérieur à un, et son risque est supérieur au rendement moyen du marché au moins 2,6 fois plus.

Analyse des Ratios Financiers

Ratios de Liquidité

Les ratios de liquidité indiquent la capacité de l'entreprise à payer les obligations qui devraient devenir exigibles au cours de l'année ou du prochain cycle d'exploitation. En tant qu'investisseur, il est essentiel de savoir si l'entreprise honore sa dette à court terme pour s'assurer que l'entreprise qui investit sera en mesure de payer ses dettes et ses obligations arrivant à échéance et si elle répondra à des besoins de trésorerie inattendus. Ainsi, déterminer le fonds de roulement en soustrayant les actifs courants du passif courant et le ratio de liquidité générale en divisant les actifs courants par le passif courant est crucial[40].

[38] Financial Statement of 7-Eleven (2014). *PSC Annual Report SEC Form.* Retrieved from http://www.7eleven.com.ph/investors_relation.php?title=Annual+Repor
[39] Financial Statement of 7-Eleven (2014). PSC Annual Report SEC Form Retrieved from http://www.7eleven.com.ph/investors_relation.php?title=Annual+Report
[40] Hussein, M. Q. S., Saeed, N. A., & Ahmad, G. S. (2023). Financial ratios analysis and companies' liquidity evaluation. Journal of Global Economics and Business, 4(14), 60-75.

Le ratio de liquidité générale de 7-Eleven indique que les actifs circulants/passifs circulants sont inférieurs à la norme ou au minimum requis de 1.

Un ratio de liquidité élevé pourrait signifier que l'entreprise dispose de beaucoup d'argent immobilisé dans des actifs non productifs, tels que des liquidités excédentaires ou des titres négociables. De plus, l'entreprise ne dispose pas de liquidités favorables car elle ne dispose que de 0,80 P d'actifs à court terme pour chaque peso investi dans des passifs à court terme. L'entreprise fonctionne en 2014 avec un fonds de roulement négatif, qui se manifeste par un ratio de liquidité générale de 0,80 < 1 contre 0,83 < 1 en 2013. En effet, le produit des ventes au détail est investi dans des actifs à long terme et en même temps utilise les conditions de crédit accordées par les fournisseurs commerciaux. L'entreprise pourrait ne pas être en mesure de payer ses créanciers à court terme et être contrainte à la faillite.

De plus, en raison de son ratio de liquidité générale plus faible, l'entreprise ne dispose pas de liquidité favorable et pour chaque dollar investi en passif à court terme, l'entreprise ne dispose que de 0,80 P d'actifs à court terme.

		2014	2013
Fonds de Roulement	Actif Circulant (A)	3,365,447,620	2,624,256,500
	Passif Circulant (B)	4,225,309,167	3,176,502,592
	Difference (A)-(B)	(859,861,547)	(552,246,092)
Ratio de liquidité Générale	(A)/(B)	0.80	0.83

Ratios de Rentabilité

La rentabilité est le résultat net de plusieurs politiques et décisions, et les ratios de rentabilité montrent les effets combinés de la liquidité, de la gestion d'actifs et de la dette sur les résultats d'exploitation[41]. Le bénéfice par action (EPS) de 7-Eleven de 2012 à 2014 était respectivement de 1,01, 1,49 et 1,91 pour les 3 années. Le EPS le plus élevé a été enregistré en 2014, tandis que la valeur la plus basse a été enregistrée en 2012. De plus, en analysant la tendance du BPA sur 3 ans, la tendance montre une augmentation nette de 89,1 % entre 2012 et 2014, ce qui indique que l'entreprise était rentable. La marge bénéficiaire nette et le rendement

[41] Hussein, M. Q. S., Saeed, N. A., & Ahmad, G. S. (2023). Financial ratios analysis and companies' liquidity evaluation. Journal of Global Economics and Business, 4(14), 60-75.

des actifs (ROA) ont augmenté respectivement à 40,2 % et 37,7 % entre 2012 et 2014.

Profitability	2012	2013	2014
EPS	1.01	1.49	1.91
ROA	8.75	11.27	12.05
Marge Nette	3.51	4.61	4.92

Ratios de Solvabilité

La détermination de la solvabilité détermine si l'entreprise remplit ses obligations à long terme en payant ses intérêts à leur échéance et en remboursant le solde de la dette dû à son échéance[42].

Le ratio dettes/actifs est l'un des outils financiers qui mesure la capacité de l'entreprise à survivre sur une longue période. Le ratio dettes/actifs est calculé en divisant le total du passif par le total de l'actif, et le taux minimum requis est de 1.

	2012	2013	2014
Total Actifs	4,571,816,164	6,024,712,972	7,882,305,026
Total Passifs	2,662,650,411	3,483,479,852	4,592,768,501
Taux Dettes/Actifs	0.58	0.58	0.58

L'entreprise a le même ratio dettes/actifs de 0,58 de 2012 à 2014. Cela signifie également que l'entreprise dispose d'une solvabilité tolérable et peut survivre sur une longue période. Un autre élément critique est l'augmentation de ses actifs de 30,8% et de ses passifs de 31,8% entre 2012 et 2014, ce qui indique que l'entreprise a récemment investi davantage d'argent pour stimuler son activité.

Ratios d'Efficacité

Ce ratio indique la fréquence à laquelle les stocks sont renouvelés au cours d'une année pour générer des revenus[43]. Il est calculé en divisant le coût des marchandises vendues par la liste moyenne. Un ratio plus élevé indique une meilleure efficacité dans la gestion des stocks. La rotation des stocks n'a pas

[42] Malinowski, M. (2023). Solvency and Debt of Rural Communes vs. Their Residents' Standards of Living: A Polish Case Study. Agriculture, 13(12), 2222.
[43] Purnaningtyas, K. C. (2023). Analysis of Liquidity, Solvency, and Profitability Ratio to Assess the Financial Performance of PT Hamparan Estate Management in 2018-2020. JOBS (Jurnal of Business Studies), 9(1), 11-22.

diminué de manière significative entre 2012 et 2014 et est encore plus élevée en 2014, avec une rotation moyenne des stocks de 13,31 fois.

En outre, la rotation totale des actifs a augmenté de 1,3% entre 2012 et 2013 et a de nouveau chuté dans la même fourchette entre 2013 et 2014, mais elle est restée plus élevée, avec une rotation moyenne des actions de 2,37 fois en 2014, ce qui est une bonne chose.

	2012	2013	2014
Rotation des Stocks	13.76	13.20	13.31
Rotation Totale Actifs	2.34	2.40	2.37

Effets ou Ratios de Levier

Les ratios de levier indiquent comment l'entreprise est financée. Cela montre comment l'entreprise s'appuie sur les dettes étrangères pour financer ses opérations.

Le Levier Opérationnel (Operating Leverage) est calculé en divisant les ventes nettes, moins les coûts d'exploitation variables et les dépenses par le bénéfice d'exploitation, et le Levier Financier (Financial Leverage) est calculé en divisant le bénéfice d'exploitation par le bénéfice d'exploitation moins les dépenses d'intérêts. De 2012 à 2014, le levier financier était au moins dans la même fourchette de 1,0 ; mais le levier opérationnel a légèrement diminué, passant de 2,28 à 2,27.

	2012	2013	2014
Operating Leverage	2.28	2.09	2.27
Financial Leverage	1.01	1.01	1.00

Niveau de Risque

Il n'existe pas d'entreprises sans risque, notamment dans les domaines financiers. La gestion des risques de la PSC 7-Eleven fait partie intégrante de saines pratiques de gestion et d'une bonne gouvernance d'entreprise, améliorant la prise des décisions, les résultats et la responsabilisation. La PSC 7-Eleven reconnaît qu'elle a la responsabilité de gérer les risques et soutenir une approche structurée, systématique et ciblée pour les gérer en approuvant la stratégie de gestion des risques.

Les principaux risques dans le secteur de la vente au détail auquel appartient PSC 7-Eleven comprennent le ralentissement économique, l'augmentation de la concurrence et la réputation de la marque. Parallèlement, les principaux risques découlant des instruments financiers de l'entreprise sont les risques de crédit, de liquidité et de taux d'intérêt[1]. Pour illustrer cela, nous avons par exemple :

Risque de crédit

Une perte à un instrument financier entraînera une perte financière pour l'autre partie si elle ne s'acquitte pas d'une obligation ou si les soldes des créances sont surveillés en permanence. Pour y remédier, l'exposition de l'entreprise aux dépréciations résultant du risque de crédit doivent être bien gérées.

Risque de Liquidité

Une organisation peut rencontrer des difficultés à remplir ses obligations liées aux instruments financiers ou chercher à gérer sa liquidité pour financer ses dépenses en capital et assurer le service de ses dettes arrivant à échéance[44]. Dans ce cas, l'objectif d'exposition de l'entreprise au risque de liquidité résultant d'une dépréciation doit être géré significativement[45].

Risque de Taux d'Intérêt

Le risque de taux d'intérêt est le risque que la juste valeur ou les flux de trésorerie futurs d'un instrument financier fluctuent en raison de l'évolution des taux d'intérêt du marché ou du fait que l'entreprise se développe pour réduire considérablement le niveau des prêts bancaires au fil du temps[46]. L'exposition de la société aux dépréciations résultant du risque de taux d'intérêt doit être gérée à un niveau significatif.

Encore une fois, la meilleure façon de réduire ou de minimiser les risques associés à l'investissement est la diversification. Cela implique une gestion de portefeuille, qui peut être réalisée en répartissant des investissements bien documentés et rentables sur un marché qui promet également des bonnes opportunités d'investissement.

---

[44] Shubbar, H. H. (2023). BANKING RISKS IN THE CONTEXT OF THE FINANCIAL CRISIS 2008. World Bulletin of Management and Law, 19, 136-142.
[45] Shubbar, H. H. (2023). BANKING RISKS IN THE CONTEXT OF THE FINANCIAL CRISIS 2008. World Bulletin of Management and Law, 19, 136-142.
[46] Feng, X. (2024). A Study of Systemic Risk in the Banking Industry. Highlights in Business, Economics and Management, 24, 2416-2422.

Recommandation

Investir dans PSC 7-Eleven est une excellente opportunité pour tout investisseur ou créancier intéressé à faire des bonnes affaires. Le bénéfice par action (EPS) des trois dernières années a été très rentable et le pourcentage de croissance des actions a été de 89,1 % entre 2012 et 2014. Cela indique que les actions 7-Eleven seront très probablement acceptées par un investisseur patient qui souhaite minimiser les risques et investir dans des actions à bons rendements.

De plus, étant donné que les dépenses en capital ont été principalement utilisées pour ouvrir de nouveaux magasins, agrandir les espaces de stockage et mettre en place des systèmes logistiques et des équipements connexes, qui devaient améliorer ses activités, le nouvel investissement sera accueilli dans un meilleur environnement avec des infrastructures établies. Pour toutes ces raisons, investir dans PSC 7-Eleven constituera une immense ouverture pour développer l'entreprise et réaliser davantage des bénéfices.

PSC 7-Eleven fait partie des plus grandes entreprises des États-Unis d'Amérique. Ses résultats et tendances financiers reflètent la croissance de l'entreprise d'année en année et son avenir très prometteur. Là encore, même avec des liquidités tolérables, l'entreprise peut survivre longtemps en raison de sa solvabilité favorable et du retour sur chaque montant investi dans ses ventes.

En 2014, l'entreprise s'est classée au 10e rang du Top 500 du magazine Entrepreneur pour 2015, et ses principaux concurrents sont EXXON Corporation, Royal Dutch SHELL, PLC et Alimentation Couche-Tard Inc., qui sont également des très grandes entreprises multinationales situées au Canada et aux Etats-Unis d'Amérique.

En bref, nous suggérons aux investisseurs d'acheter des actions parce que l'entreprise est financièrement solide et respectueuse de l'environnement. Elle gère ses activités conformément aux lois gouvernementales et qu'elle tient compte des actions de ses concurrents. Tout cela montre l'avantage d' investir dans PSC 7-Eleven.

4.7 Test pour Evaluer les Connaissance du Chapitre 4

1. Quel est l'objectif principal de la gestion financière dans une organisation à but lucratif ?

   a. Maximiser l'impact social.

   b. Maximiser la richesse des actionnaires.

   c. Minimiser les dépenses.

   d. Atteindre la responsabilité sociale.

2. Quelle est la source commune de financement pour les programmes et initiatives dans une organisation à but non lucratif ?

   a. Financement par actions

   b. Subventions et dons

   c. Émission d'obligations

   d. Des bénéfices non répartis.

3. Quel état financier est crucial pour évaluer la santé financière et la responsabilité d'une organisation ?

   a. Relevé de revenue

   b. État des flux de trésorerie

   c. Bilan

   d. État des dépenses fonctionnelles

4. Quel terme décrit l'excédent des revenus sur les dépenses dans une organisation à but non lucratif?

   a. Profit

   b. Surplus

   c. Des bénéfices non répartis.

   d. Richesse des actionnaires

5. Quel ratio financier est particulièrement pertinent pour évaluer l'efficacité de la collecte de fonds et des dépenses administratives d'une organisation à but non lucratif ?

   a. Retour sur actifs (ROA)

b. Ratio d'efficacité de la collecte de fonds

c. Ratio d'endettement

d. La marge d'exploitation

6. Quel est l'objectif principal de la gestion financière d'une organisation à but lucratif en termes de rentabilité ?

a. Seuil de rentabilité

b. Maximiser le revenu net

c. Minimiser les dons

d. Atteindre l'impact du programme

7. Quel est le terme utilisé pour répartir les coûts entre différents programmes et fonctions dans le domaine de la finance à but non lucratif ?

a. Coût des marchandises vendues

b. Répartition des coûts

c. Calcul des coûts par activité

d. Dépenses programmatiques

8. Quelle est la principale source de revenus d'une organisation à but lucratif ?

a. Subventions et dons

b. Frais et services du programme

c. Revenu d'investissement

d. Ventes de biens ou de services

9. Comment les organisations à but non lucratif mesurent-elles leur succès et leur impact financier ?

a. Marges bénéficiaires

b. Retour sur capitaux propres

c. Retour sur investissement social (SROI)

d. Bénéfice brut

10. Quel rôle un comité de finance joue-t-il généralement dans la structure de gouvernance des organisations à but non lucratif ?

a. Définir des stratégies marketing

b. Supervision des événements de collecte de fonds

c. Assurer une surveillance et des conseils financiers.

d. Mettre en œuvre des programmes sociaux.

4.8 Réponse au Test et Explications des Réponses

1. Réponse B

Maximiser la richesse des actionnaires est souvent considéré comme l'objectif principal de la gestion financière d'une organisation à but lucratif. La maximisation de la richesse des actionnaires signifie augmenter la valeur des capitaux propres de l'entreprise, ce qui se reflète généralement dans le cours des actions.

Cet objectif s'aligne sur l'idée selon laquelle la responsabilité du directeur financier est de prendre des décisions qui améliorent la valeur à long terme de l'entreprise, augmentant ainsi la richesse des actionnaires. Cela implique de se concentrer sur la rentabilité, l'utilisation efficace des ressources et la prise de décisions stratégiques pour assurer la croissance et la compétitivité soutenues de l'entreprise.

Il est important de noter que si maximiser la richesse des actionnaires est un objectif commun, les entreprises peuvent également envisager d'autres objectifs, tels que le maintien de la stabilité financière, la croissance et la responsabilité sociale de l'entreprise. Cependant, la maximisation de la richesse des actionnaires reste un principe directeur fondamental dans la gestion financière des organisations à but lucratif.

2. Réponse B

Les subventions et les dons sont des sources de financement courantes pour les programmes et initiatives des organisations à but non lucratif. Les organisations à but non lucratif dépendent souvent des financements externes pour soutenir leur mission et leurs activités, et les subventions et dons sont des éléments essentiels de leurs sources de revenus. Voici une brève explication :

Subventions : Les organisations à but non lucratif peuvent demander et recevoir des subventions d'agences gouvernementales, des fondations privées, d'entreprises et d'autres entités accordant des subventions. Les subventions sont généralement des fonds que ces organisations fournissent pour soutenir des projets, des programmes ou des initiatives spécifiques qui correspondent à leur mission et à leurs objectifs. Les organisations à but non lucratif se disputent souvent des subventions via un processus de candidature formel.

Dons : Les dons proviennent de particuliers, d'entreprises et d'autres organisations qui contribuent volontairement aux activités de l'organisation à but non lucratif. Les dons peuvent être ponctuels ou récurrents et peuvent être sollicités par le biais de campagnes de collecte de fonds, d'événements ou d'appels directs. Les donateurs sont souvent motivés par une croyance commune dans la mission de l'organisation ou par le désir de contribuer à une cause qui leur tient à cœur.

Ces sources de financement sont essentielles aux organisations à but non lucratif pour mener à bien leur travail, servir leurs communautés et atteindre leurs objectifs. Les organisations à but non lucratif diversifient généralement leurs sources de financement, en intégrant une combinaison de subventions, de dons et, dans certains cas, de revenus gagnés (tels que des frais pour des services ou des produits) pour assurer leur viabilité financière. Une bonne gestion financière et la transparence sont essentielles pour démontrer la responsabilité envers les donateurs et utiliser efficacement les fonds pour remplir la mission de l'organisation.

3. Réponse C

Le bilan est crucial pour évaluer la santé financière car il fournit des informations sures :

Liquidité : En analysant les actifs et les passifs courants, les parties prenantes peuvent évaluer la capacité de l'organisation à respecter ses obligations à court terme.

Solvabilité : L'examen de la proportion d'actifs financés par la dette (passif) par rapport aux capitaux propres permet d'évaluer la stabilité financière à long terme de l'organisation.

Structure financière : Le bilan reflète la composition de la structure du capital de l'organisation, montrant la combinaison de financement par emprunt et par capitaux propres.

Valeur nette : Les capitaux propres représentent la valeur nette de l'organisation, et les changements au fil du temps indiquant l'impact des activités financières sur la valeur globale de l'organisation.

Pour des raisons de responsabilité, le bilan et d'autres états financiers comme le compte de résultat et l'état des flux de trésorerie assurent la transparence des activités financières de l'organisation. Il permet aux parties prenantes, notamment les investisseurs, les créanciers et les donateurs, de prendre des décisions éclairées et d'évaluer la viabilité financière de l'organisation.

4. Réponse B

Dans le domaine de la finance à but non lucratif, le terme « excédent » décrit l'excédent de revenus par rapport aux dépenses. L'excédent est un résultat financier positif dans lequel l'organisation a gagné plus de revenus que les dépenses engagées au cours d'une période donnée.

Voici une explication des termes :

Revenus : Il s'agit des fonds qu'une organisation à but non lucratif reçoit, généralement de diverses sources telles que des dons, des subventions, des activités de collecte de fonds, des frais de programme ou d'autres activités génératrices de revenus.

Dépenses : Il s'agit des coûts et dépenses engagés par l'organisation à but non lucratif pour mener à bien sa mission et ses programmes. Les dépenses comprennent les salaires, le loyer, les services publics, les programmes et les dépenses administratives.

Surplus : Lorsque le total des revenus dépasse le total des dépenses, l'organisation connaît un excédent. Un excédent indique que l'organisation à but non lucratif a généré plus de ressources financières qu'elle n'en a dépensé au cours d'une période comptable ou fiscale spécifique.

Un excédent est un résultat financier positif pour une organisation à but non lucratif car il contribue à sa viabilité financière. Cet excédent peut être utilisé à diverses fins, telles que :

Constitution de réserves : Les excédents peuvent être mis de côté pour créer des réserves ou un coussin financier, fournissant ainsi à l'organisation un filet de sécurité financière pour les incertitudes ou les urgences futures.

Investir dans des programmes : Les organisations à but non lucratif peuvent utiliser leurs excédents pour étendre ou améliorer leurs programmes et services, augmentant ainsi leur impact sur la communauté ou la cause qu'elles défendent.

Renforcement de la situation financière : L'accumulation d'excédents au fil du temps contribue à soutenir la situation financière globale de l'organisation à but non lucratif et améliore sa capacité à surmonter les défis économiques.

Il est important de noter que le terme « excédent » est plus couramment utilisé dans le secteur à but non lucratif que « profit », qui est associé aux entités à but lucratif. Les organisations à but non lucratif s'efforcent d'atteindre la viabilité financière et d'utiliser efficacement les ressources financières pour remplir leur mission et servir leurs constituants.

5. Réponse B

Le ratio d'efficacité de la collecte de fonds est un ratio financier particulièrement pertinent pour évaluer l'efficacité d'une organisation à but non lucratif en matière de collecte de fonds et de dépenses administratives. Ce ratio donne un aperçu de l'efficacité avec laquelle une organisation à but non lucratif utilise ses ressources pour générer des fonds pour ses programmes et sa mission.

Le ratio d'efficacité de la collecte de fonds est calculé selon la formule suivante :

Ratio d'efficacité de la collecte de fonds = (Total des contributions – Dépenses de collecte de fonds) X100/Total (Contributions)

Dans cette formule :

Total des contributions : Cela comprend tous les fonds que l'organisation à but non lucratif reçoit de diverses sources, telles que les dons, les subventions et les événements de collecte de fonds.

Dépenses de collecte de fonds : Il s'agit des coûts associés aux activités de collecte de fonds de l'organisation, y compris les salaires du personnel, le matériel de marketing, les frais d'événement et d'autres dépenses liées à la collecte de fonds.

Le ratio d'efficacité de la collecte de fonds mesure la part totale des contributions restant après déduction des dépenses liées à la collecte de fonds. Un ratio d'efficacité de collecte de fonds plus élevé suggère qu'un pourcentage plus élevé de contributions est disponible pour soutenir les programmes et la mission de l'organisation, ce qui indique une plus grande efficacité dans les efforts de collecte de fonds[47].

Les organisations à but non lucratif visent à équilibrer l'efficacité de la collecte de fonds et les coûts associés aux activités de collecte de fonds.

Bien qu'un ratio d'efficacité de collecte de fonds élevé soit généralement positif, les organisations à but non lucratif doivent prendre en compte d'autres facteurs, tels que la santé financière globale de l'organisation, l'impact des efforts de collecte de fonds sur les activités du programme et la durabilité à long terme des stratégies de collecte de fonds.

Les donateurs et les parties prenantes utilisent souvent le ratio d'efficacité de la collecte de fonds pour évaluer la transparence financière et la gestion des ressources d'une organisation à but non lucratif.

6. Réponse B

Maximiser le revenu net est l'objectif de gestion financière d'une organisation à but lucratif en matière de rentabilité. Le résultat net, ou bénéfice net, est un indicateur clé de la performance financière d'une entreprise.

Il représente le montant par lequel les revenus dépassent les dépenses au cours d'une période donnée.

La formule de calcul du résultat net est la suivante :

Revenu net = Revenus totaux – Dépenses totales

Autres raisons pour maximiser le revenu net pour les organisations à but lucratif :

Maximisation de la richesse des actionnaires : Les organisations à but lucratif appartiennent généralement à des actionnaires, et la maximisation du revenu net augmente la richesse des actionnaires. Un bénéfice net plus élevé entraîne souvent un bénéfice par action (EPS) plus élevé, ce qui a un impact positif sur le cours des actions et les rendements pour les actionnaires.

Longévité et croissance : Un revenu net constant et croissant est crucial pour la durabilité et la croissance à long terme d'une organisation à but lucratif. Il fournit

[47] Peng, S. (2024). Registration Level and Nonprofit Foundation Efficiency in China: The Moderating Role of Organizational Income.

les ressources financières nécessaires aux investissements dans de nouveaux projets, en recherche et développement, en marketing et dans d'autres activités contribuant à l'expansion de l'entreprise.

Solvabilité : Maximiser le bénéfice net améliore la solvabilité d'une entreprise. Une organisation rentable est mieux placée pour remplir ses obligations financières, attirer des investissements et négocier des conditions de crédit favorables avec ses créanciers.

Compétitivité du marché : La rentabilité est un facteur clé pour évaluer la compétitivité d'une entreprise sur le marché. Un revenu net élevé permet à une entreprise de rester compétitive en réinvestissant dans ses opérations, en proposant des prix compétitifs et en s'adaptant aux changements du marché[48].

Retour sur Investissement (ROI) : Maximiser le revenu net est essentiel pour obtenir un retour sur investissement positif. Il reflète l'efficacité des activités commerciales de l'entreprise à générer des bénéfices par rapport aux ressources investies.

Bien que maximiser le revenu net soit un objectif primordial, les organisations doivent équilibrer la rentabilité et d'autres objectifs, tels que le maintien de la stabilité financière, la garantie des pratiques commerciales et la prise en compte des intérêts des différentes parties prenantes. Les gestionnaires financiers utilisent différentes stratégies financières et mesures de performance pour optimiser le résultat net tout en gérant les risques et les incertitudes.

7. Réponse B

Dans la finance à but non lucratif, la répartition des coûts fait référence à l'attribution ou à la répartition des coûts entre différents programmes et fonctions organisationnels. La répartition des coûts est une méthode utilisée pour garantir que les différentes activités et services fournis par l'organisation à but non lucratif supportent une juste part des dépenses globales de l'organisation.

8. Réponse D

Les ventes de biens ou de services constituent généralement la principale source de revenus d'une organisation à but lucratif. Les organisations à but lucratif ont l'intention de générer des bénéfices pour leurs propriétaires ou actionnaires, et

[48] Madura, J. (2015). International financial management (12th ed.). Stamford: CT: Cengage

l’un des principaux moyens d’y parvenir est de vendre des biens ou de fournir des services aux clients.

9. Réponse C

Le retour social sur investissement (SROI) est une mesure financière utilisée dans les organisations à but non lucratif pour mesurer le succès et l'impact en termes financiers. Le SROI va au-delà des mesures financières traditionnelles en évaluant la valeur sociale, environnementale et économique créée par les activités d'une organisation à but non lucratif.

SROI fait partie d’un mouvement plus large visant à mesurer et à valoriser l’impact social d’une manière qui va au-delà des mesures financières traditionnelles. Il aide les organisations à but non lucratif à articuler leur proposition de valeur et à démontrer leurs contributions significatives à la société.

10.Réponse C

La surveillance et l'orientation financières sont des responsabilités clés qu'un comité de finance joue généralement dans la structure de gouvernance des organisations à but non lucratif. Le comité de finance est un sous-comité du comité de gestion et est spécifiquement chargé de fournir des conseils et de superviser les questions financières.

Le comité de finance est un élément essentiel de la structure de gouvernance de l'organisation à but non lucratif, fournissant une expertise et des conseils pour assurer une saine gestion financière et une bonne responsabilisation. Son travail contribue à la stabilité financière, à la pérennité et à la capacité de l'organisation à remplir efficacement sa mission.

Chapitre 5

Différences entre la Finance, Comptabilité et Statistique

5.1 Introduction

Dans le business et en économie, trois disciplines distinctes jouent un rôle crucial : finance, comptabilité et statistique. Bien que ces domaines se chevauchent et interagissent souvent, chacun remplit un objectif unique en aidant les organisations à prendre des décisions éclairées et à gérer efficacement leurs ressources. Ce chapitre explorera les principales différences entre la finance, comptabilité et statistique, étayées par des exemples et une étude des cas pertinents.

Bien que la finance, la comptabilité et la statistique remplissent chacune des fonctions uniques, elles partagent un objectif commun : faciliter une prise de décision éclairée et optimiser les performances organisationnelles[1]. En approfondissant ce chapitre, nous découvrirons comment ces disciplines se complètent et s'interconnectent, créant une puissante synergie qui permet aux managers de relever les défis, de saisir les opportunités et de favoriser le succès.

Pour commencer, nous dévoilerons la nature fondamentale de la finance, en examinant l'accent mis sur la gestion des ressources financières, l'évaluation des opportunités d'investissement et la garantie d'une allocation optimale du capital. En mettant l'accent sur la planification financière et la gestion des risques, la finance est un partenaire stratégique qui guide les gestionnaires dans la prise de décisions judicieuses pour la croissance et la stabilité de l'organisation.

Nous aborderons ensuite la comptabilité, qui s'articule autour de l'enregistrement, de la déclaration et de l'analyse systématiques des transactions financières. En tant que fondement de l'information financière, la comptabilité offre une vision claire de la santé financière d'une organisation, permettant aux gestionnaires d'évaluer les performances, de contrôler les coûts et de garantir le respect des normes réglementaires[49].

---

[49] Kwok, S., Omran, M., & Yu, P. (Eds.). (2024). *Harnessing Technology for Knowledge Transfer in Accountancy, Auditing, and Finance*. IGI Global

D'un autre côté, la statistique apparait comme la science de l'analyse des données, permettant aux organisations d'en tirer des informations significatives et de prendre des décisions fondées sur des données probantes. Nous explorerons le rôle de la statistique dans le traitement des données, l'identification des tendances et la réalisation de prévisions, ce qui en fait un outil essentiel en finance et en comptabilité.

En comparant et contrastant ces disciplines, nous découvrirons les méthodologies et techniques uniques qu'elles emploient. Alors que la statistique utilise des méthodes d'échantillonnage de données et d'inférence, la comptabilité repose sur l'analyse des états financiers, et la finance applique des techniques de modélisation financière et d'évaluation des investissements.

Rejoignez-nous en explorant ce chapitre, où nous dévoilons les différences entre la finance, la comptabilité et la statistique. En parcourant le paysage dynamique de la gestion d'entreprise, nous découvrirons comment tirer parti des atouts de ces disciplines permet aux gestionnaires de faire des choix éclairés, d'optimiser les performances et d'orienter leurs décisions.

5.2 Section 1 : Finance

La finance étudie la manière dont les organisations gèrent leur argent et leurs ressources pour atteindre leurs objectifs financiers. La finance implique la planification financière, les décisions d'investissement, la gestion du capital et l'analyse des risques pour optimiser les ressources financières de l'organisation. La finance s'occupe de l'évaluation des risques financiers et la détermination des structures de capital optimales. La finance est tournée vers l'avenir et se concentre sur la maximisation des revenus et de la rentabilité. Les concepts financiers clés incluent la valeur temporelle, le risque, et le rendement financier.

Exemple: Calculer la Valeur Actuelle Nette (VAN) d'un projet pour évaluer sa rentabilité.

5.3 Section 2 : Comptabilité

La comptabilité est l'enregistrement, l'analyse et la déclaration systématique des transactions financières. La comptabilité se concentre sur l'enregistrement, la synthèse et l'interprétation des transactions financières pour produire des états financiers. Elle fournit une vue historique de la performance financière d'une organisation et aide les parties prenantes à comprendre sa santé financière[50]. La comptabilité est régie par divers principes, tels que les Principes Comptables Généralement Reconnus (PCGR) ou les Normes Internationales d'Information Financière (NIIF). Les principaux états financiers comprennent le bilan, les résultats et les flux de trésorerie.

Exemple : Préparer un compte de résultat pour les revenus, les dépenses et les bénéfices

5.4 Section 3 : Statistique

La statistique implique la collecte, l'analyse, l'interprétation et la présentation de données pour obtenir des informations et prendre des décisions éclairées. La statistique fournit des outils pour résumer et comprendre la variabilité des données, les corrélations et les tendances[51]. En finance et en comptabilité, la statistique est souvent utilisée pour l'évaluation des risques, les prévisions et l'analyse des performances.

Exemple : Analyser les données historiques sur le cours des actions pour identifier les tendances et les modèles de comportement du marché.

5.5 Résumé du Chapitre

Même si la finance, la comptabilité et la statistique partagent un terrain commun dans la prise de décision, chaque domaine offre des perspectives et des outils distincts. La finance se concentre sur l'optimisation des ressources financières, la comptabilité enregistre les données financières historiques et la statistique analyse des informations significatives à partir des données. Il en est de même de l'économie qui elle, fait référence au système de production, de distribution et de consommation de biens et de services au sein d'une région ou d'un pays. L'économie englobe aussi toutes les activités et interactions impliquées dans la création et l'échange de richesse, y compris le comportement des entreprises, des consommateurs et des gouvernements. L'intégration de ces disciplines, à savoir la statistique, finance, et comptabilité améliore la capacité d'une organisation à faire des choix stratégiques objectifs et réussis.

---

[50] Nasim, K. T. (2024). Accounting Practices of NGO: A study on MAX Foundation.
[51] JUBI, R. (2024). Business Analytics-Unleashing Data-Driven Decision Making. NEHAS PUBLICATIONS.

5.6 Cas Illustratif

5.6.1 Décision d'Investissement Stratégique

Imaginez une entreprise manufacturière, XYZ Corp., envisageant un investissement important dans une nouvelle technologie pour améliorer son processus de production. Explorons comment chaque discipline peut contribuer au processus décisionnel :

Finance : Le service financier peut évaluer le retour sur investissement (ROI) potentiel de la technologie. Le service financier calcule la VAN en tenant compte de l'investissement initial, des flux de trésorerie attendus et du taux d'actualisation. Si la VAN est positive, cela suggère que l'investissement est financièrement viable.

Comptabilité : Le service comptable pourrait examiner l'impact financier du projet en estimant le coût de la technologie, y compris les dépenses d'amortissement et de maintenance. Le service de comptabilité prépare un compte de résultat projeté pour montrer comment l'investissement pourrait affecter les bénéfices au cours des prochaines années.

Statistique : L'équipe des statisticiens peut analyser des données historiques sur l'efficacité de la production, les coûts et les revenus pour créer un modèle de prévision. Les statisticiens utilisent l'analyse de régression pour déterminer la corrélation entre l'adoption des nouvelles technologies et l'augmentation de la productivité, aidant ainsi à estimer les performances futures.

Dans ce cas illustratif, la finance évalue la faisabilité financière, la comptabilité évalue l'impact sur les états financiers et la statistique fournit un aperçu des résultats potentiels.

5.7 Test pour Evaluer les Connaissances du chapitre 5

1. Quel est l'objectif principal de la statistique ?

    a. Enregistrement des transactions financières

    b. Analyser et interpréter des données.

    c. Gestion des fonds de l'organisation.

    d. Préparation des états financiers.

2. Quelle discipline implique l'enregistrement, la déclaration et l'analyse systématiques des transactions financières ?

    a. Statistique

    b. Finance

    c. Comptabilité

    d. Économie

3. Quel est l'objectif principal de la finance ?

    a. Analyser les modèles dans les données.

    b. Maximiser la richesse des actionnaires

    c. Préparation des budgets et des prévisions.

    d. Tenir des registres financiers précis.

4. Quel domaine se concentre sur la gestion des fonds au sein d'une organisation, y compris les décisions d'investissement ?

    a. Statistique

    b. Comptabilité

    c. Économie

    d. Finance

5. Quel rôle les statistiques jouent-elles dans la prise de décision des entreprises ?

    a. Analyser les transactions financières.

    b. Fournir un aperçu des tendances du marché.

    c. Préparation des comptes de résultat.

    d. Gestion de portefeuilles d'investissement

6. En comptabilité, quel est l'objectif principal des états financiers ?

a. Analyser les tendances économiques.

b. Fournir des informations pour la prise de décision.

c. Maximiser la richesse des actionnaires.

d. Calcul de mesures statistiques.

7. Quelle discipline utilise des modèles mathématiques pour analyser et prévoir les marchés financiers ?

a. Statistique

b. Comptabilité

c. Économie

d. Finance

8. Quel domaine concerne la collecte, l'analyse et l'interprétation de données numériques à diverses fins ?

a. Comptabilité

b. Finance

c. Statistique

d. Économie

9. Quel est l'objectif principal des principes et normes comptables ?

a. Maximiser les profits.

b. Assurer l'exactitude des données.

c. Faciliter l'analyse économique.

d. Promouvoir une information financière éthique.

10. Quelle discipline est étroitement liée à l'étude des systèmes économiques, y compris l'allocation des ressources et la prise de décision ?

a. Statistique

b. Comptabilité

c. Économie

d. Finance

5.8 Réponse au Test et Explications des Réponses

1. Réponse B

La statistique est une vaste discipline qui consiste à collecter, organiser, analyser, interpréter, présenter et tirer des conclusions à partir de données. Bien que la finance et la comptabilité impliquent également le travail avec des données, elle se concentre principalement sur les aspects financiers des organisations. La finance gère l'argent, les investissements et les marchés financiers, tandis que la comptabilité se concentre sur l'enregistrement, la synthèse et l'analyse des transactions financières.

2. Réponse C

La comptabilité est spécialement conçue pour traiter les aspects financiers des opérations commerciales, le respect des normes et la fourniture d'informations aux décideurs au sein et à l'extérieur d'une organisation, ce qui la distingue de la statistique et de la finance.

3. Réponse B

L'objectif de maximiser la richesse des actionnaires dans le domaine financier reflète une orientation spécifique vers la création de valeur pour les propriétaires d'entreprises. Cet objectif se distingue des objectifs plus larges de la statistique, qui se concentrent sur l'analyse et l'interprétation des données, et de la comptabilité, qui est centrée sur l'enregistrement, la déclaration et l'analyse des transactions financières. Chaque domaine répond à des objectifs différents dans le contexte plus large des affaires et de la prise de décision.

4. Réponse D

La finance englobe diverses activités liées à la gestion de l'argent et des ressources financières. Les décisions d'investissement sont cruciales pour évaluer et sélectionner les opportunités d'investissement qui correspondent aux objectifs financiers de l'organisation.

5. Réponse B

Au lieu de jouer un rôle comptable et financier dans les entreprises, la statistique constitue un outil puissant de prise de décision commerciale, fournissant un aperçu des tendances du marché grâce à l'analyse des données. En tirant parti des méthodes statistiques, les entreprises peuvent prendre des décisions éclairées, identifier les opportunités, atténuer les risques et rester compétitives dans des environnements des marchés dynamiques.

6. Réponse B

L'objectif principal de la comptabilité est de fournir des informations pour la prise de décision, et la présentation d'états financiers solides est un mécanisme crucial pour atteindre cet objectif. Les états financiers constituent un outil précieux permettant aux parties prenantes d'évaluer la santé financière, les performances et les perspectives d'une entreprise, guidant ainsi leurs processus décisionnels.

7. Réponse D

Les modèles mathématiques en finance améliorent les capacités analytiques, facilitent la gestion des risques, soutiennent la prise de décision et fournissent un cadre systématique pour comprendre et naviguer dans les complexités des marchés financiers.

8. Réponse C

La statistique est une branche des mathématiques qui traite de la collecte, de l'analyse, de l'interprétation, de la présentation et de l'organisation des données. Elle fournit des méthodes pour faire des inférences et tirer des conclusions à partir des données et est utilisée dans divers domaines à des fins différentes.

9. Réponse D

La promotion d'une information financière éthique est en effet l'un des principaux objectifs des principes et normes comptables. L'information financière éthique garantit que les informations financières sont exactes, transparentes et présentées de manière à représenter fidèlement la situation financière et la performance d'une entité. Les principes et normes comptables visent à établir un cadre commun pour l'information financière, favorisant la cohérence et la comparabilité des états financiers.

10. Réponse C

L'économie est la science sociale qui examine la manière dont les sociétés allouent des ressources rares pour répondre à des désirs et des besoins illimités. Cela implique l'étude des systèmes économiques, qui sont les structures et les processus des sociétés permettant d'organiser et de coordonner la production, la distribution et la consommation des biens et services.

Chapitre 6

Similitudes entre la Statistique, Comptabilité et Finance

6.1 Introduction

La statistique, la comptabilité et la finance sont tous des outils de gestion que les managers compétents doivent connaître ou comprendre. La statistique, la comptabilité et la finance sont des domaines interconnectés qui partagent des similitudes en raison de leur dépendance à l'égard de l'analyse des données, des calculs numériques et de la prise de décision[52].

Bien que la finance, la comptabilité et la statistique soient des disciplines distinctes avec des rôles uniques, elles partagent également plusieurs similitudes qui contribuent à leur interconnectivité et à leur nature collaborative au sein d'une entreprise. Ce chapitre approfondira les points communs entre ces domaines, étayés par des exemples et une étude de cas illustratif. Voici quelques exemples de similitudes entre ces disciplines :

6.2 Section 1 : L'Analyse des Données

Les trois disciplines impliquent l'analyse de données à des degrés divers. La statistique se concentre sur la collecte, l'analyse et l'interprétation des données pour tirer des conclusions significatives. L'analyse des données est cruciale pour la comptabilité, l'enregistrement des transactions financières, la préparation des états financiers et la réalisation des audits. La finance s'appuie sur l'analyse des données pour évaluer les opportunités d'investissement, évaluer les risques et prendre des décisions financières éclairées. Les trois disciplines s'appuient fortement sur l'analyse des données pour éclairer la prise de décision et fournir des informations. Elles utilisent des méthodes quantitatives pour traiter, interpréter et tirer des conclusions à partir des données.

Exemples:

[52] Cao, S. S., Jiang, W., Lei, L., & Zhou, Q. (2024). Applied AI for finance and accounting: Alternative data and opportunities. Pacific-Basin Finance Journal, 102307.

1. En finance, l'analyse des données est utilisée pour évaluer les tendances du marché et les opportunités d'investissement.
2. En comptabilité, l'analyse des données permet d'identifier les modèles de dépenses et de revenus.
3. L'analyse des données est utilisée en statistique pour développer des modèles de prévision et tirer des conclusions à partir d'échantillons des données.

6.3 Section 2 : Prise de Décision

La finance, la comptabilité et la statistique fournissent des informations précieuses qui aident à prendre des décisions éclairées. Elles aident les organisations à allouer les ressources de manière efficace et efficiente. En statistique, les décisions fondées sur les données sont prises sur la base de l'analyse des preuves empiriques.

La comptabilité fournit des informations financières qui guident les parties prenantes internes et externes dans l'allocation des ressources, l'évaluation des performances et les décisions d'investissement. Les professionnels de la finance prennent des décisions d'investissement et de financement en analysant les données financières et en tenant compte des facteurs tels que le risque et le rendement.

Exemples:

1. En finance, les décideurs utilisent des ratios financiers pour évaluer la santé financière d'une entreprise et prendre des décisions d'investissement.
2. En comptabilité, les gestionnaires s'appuient sur les états financiers pour évaluer la performance des différents départements.
3. En statistique, les décideurs utilisent l'analyse de régression pour déterminer les facteurs influençant un résultat particulier.

6.4 Section 3 : L'évaluation des Risques

Les trois disciplines impliquent l'évaluation et la gestion des risques :

En statistique, l'évaluation des risques est utilisée pour quantifier l'incertitude et la variabilité dans l'analyse des données.

En finance, l'évaluation des risques est fondamentale pour évaluer les opportunités d'investissement, gérer les portefeuilles et déterminer les niveaux appropriés d'exposition au risque.

La comptabilité joue également un rôle dans l'évaluation des risques en fournissant des informations sur la stabilité financière d'une entreprise et ses vulnérabilités potentielles[1].

Les trois domaines jouent un rôle dans l'évaluation et la gestion des décisions financières et des risques opérationnels.

Exemples:

1. L'évaluation des risques consiste à évaluer les risques et les avantages potentiels des différentes options d'investissement en finance.
2. En comptabilité, l'évaluation des risques comprend l'identification d'anomalies ou d'irrégularités financières potentielles.
3. En statistique, l'évaluation des risques permet de déterminer la probabilité de divers résultats sur la base de données historiques.

6.5 Section 4 : Précision Numérique

Les trois domaines soulignent l'importance de la précision numérique :

En statistique, des calculs précis sont essentiels pour une analyse et une interprétation statistique précise.

La comptabilité nécessite une attention méticuleuse aux détails pour garantir l'exactitude des rapports financiers et le respect des normes comptables.

Les professionnels de la finance prennent des décisions critiques basées sur des mesures financières objectives, des rendements et des calculs de risques.

L'exactitude numérique est cruciale dans les trois disciplines (statistique, comptabilité et finance) pour garantir des résultats fiables et précis.

Exemple : Supposons qu'un analyste financier calcule le Coût Moyen Pondéré du Capital (CMPC) d'une entreprise. On aura besoin des données d'entrée précises, notamment le coût de la dette et des capitaux propres, pour déterminer les pondérations appropriées. Des erreurs dans ces calculs pourraient conduire à des évaluations inexactes des opportunités d'investissement d'une entreprise.

6.6 Section 5 : Conformité Réglementaire

La statistique, la comptabilité et la finance fonctionnent dans des cadres réglementaires. La recherche statistique doit respecter des lignes directrices et des normes éthiques. La comptabilité suit les Principes Comptables Généralement Reconnus (PCGR) ou les Normes Internationales d'Information Financière (IFRS) pour garantir une information financière cohérente et transparente. Les professionnels de la finance se conforment aux réglementations financières et aux exigences légales pour fournir des pratiques financières éthiques et juridiques.

La conformité réglementaire est essentielle pour maintenir la transparence, la responsabilité et le respect des normes de chaque secteur, domaine ou industrie.

Exemple :

En comptabilité, une entreprise fiable et viable doit se conformer aux Principes Comptables Généralement Reconnus (PCGR) ou aux normes internationales d'information financière. Le fait de ne pas déclarer avec précision les données financières conformément à ces normes pourrait entraîner des répercussions juridiques et financières[53].

6.7 Section 6 : Caractère Interdisciplinaire

Ces disciplines se chevauchent et interagissent souvent. Les données financières analysées dans la statistique peuvent contribuer à l'analyse financière et à la prise de décision en comptabilité et en finance. Les professionnels de la finance utilisent les données comptables pour analyser les tendances et prévoir les performances financières. De même, les méthodes statistiques sont appliquées en finance et en comptabilité pour l'analyse des données, l'évaluation des risques et l'évaluation des performances.

La collaboration interdisciplinaire est commune entre les trois disciplines la statistique, la comptabilité et la finance pour relever des défis organisationnels dans un environnement complexe des affaires ou du business.

---

[53] Ţîrcovnicu, G. I., & Haţegan, C. D. (2023). Integration of Artificial Intelligence in the Risk Management Process: An Analysis of Opportunities and Challenges. *Journal of Financial Studies, 8*(15), 198-214.

Exemple :

Considérons la décision d'une entreprise de se développer sur un nouveau marché. La finance évalue la faisabilité financière et les risques potentiels, la comptabilité analyse les coûts et les revenus associés à l'expansion, et la statistique modélise le comportement des consommateurs et les tendances du marché pour fournir un aperçu des projections probables de la demande et des revenus.

6.8 Résumé du Chapitre

Malgré leurs objectifs distincts, la finance, la comptabilité et la statistique convergent dans leur utilisation des données, leur aide à la décision et leur évaluation des risques. Leurs similitudes soulignent l'importance de la collaboration interdisciplinaire pour des décisions commerciales éclairées. En tirant parti des atouts de chaque domaine, les organisations peuvent parvenir à une compréhension globale de leur paysage financier et optimiser leurs opérations pour un succès à long terme. Les similitudes entre la statistique, la comptabilité et la finance mettent en évidence leur interdépendance et l'importance commune d'une analyse précise des données, d'une prise de décision éclairée et de pratiques éthiques dans le monde des affaires et des finances.

6.9 Cas Illustratif

6.9.1 Mis en Commun de la Statistique, la Comptabilité et la Finance

Présentation : La société X est une société manufacturière mondiale qui produit des produits électroniques au grand public. L'entreprise dispose d'une chaîne d'approvisionnement complexe, opère dans plusieurs pays et fait face à des conditions de marché dynamiques. La société X vise à optimiser ses opérations, à améliorer sa rentabilité et à atténuer les risques tout en se conformant aux normes réglementaires. De plus, X cherche à allouer son budget pour le prochain exercice financier. Explorons comment chaque discipline contribue à ce processus :

Analyse des Données : A la recherche d'informations basées sur les données, la société X organise une collaboration entre ses services de statistique, de comptabilité et de finance. Ces équipes analysent des données pour identifier les tendances, les modèles et les opportunités.

Exemple : L'équipe des statisticiens utilise l'analyse de séries chronologiques pour examiner les données de ventes historiques, ce qui leur permet de découvrir les fluctuations saisonnières et d'anticiper les pics des demandes. L'équipe des comptables analyse les structures de coûts pour identifier les domaines de réduction des coûts, tandis que l'équipe des financiers évalue les données sur les tendances du marché pour déterminer des nouvelles gammes des produits potentielles.

Prise de Décision : Le processus décisionnel de l'entreprise X implique la contribution de la statistique, de la comptabilité et de la finance. Ils travaillent ensemble pour faire des choix stratégiques éclairés.

Exemples :

1. Les statisticiens modélisent des scénarios de marché potentiels pour estimer la demande lors du lancement d'un nouveau produit.
2. Les comptables évaluent les coûts de production et les revenus potentiels.
3. Les financiers évaluent la viabilité financière de l'investissement, en tenant compte des facteurs tels que la période de récupération et la valeur actuelle nette.

Évaluation des Risques : La gestion des risques est un effort de collaboration impliquant la statistique, la comptabilité et la finance pour assurer la stabilité et la durabilité de l'entreprise.

Exemples:

1. L'équipe financière évalue les risques de change en tenant compte de l'impact des fluctuations sur les revenus et les dépenses.
2. L'équipe des statisticiens utilise l'analyse de régression pour identifier les variables influençant les perturbations de la chaîne d'approvisionnement, contribuant ainsi à une atténuation proactive des risques.
3. La comptabilité évalue les risques de crédit lorsqu'on traite avec des distributeurs internationaux.

Précision Numérique : La précision numérique est primordiale dans les domaines de statistique, de la comptabilité et de la finance pour maintenir une prise de décision fiable basée sur les données.

Exemples:

1. Le service financier calcule avec précision le retour sur investissement (ROI) pour guider l'allocation des ressources.
2. La comptabilité garantit l'enregistrement précis des transactions financières, telles que les ajustements de stocks.
3. La statistique conserve des ensembles des données précis pour la modélisation prédictive, évitant ainsi les informations trompeuses.

Conformité Réglementaire : La société X doit adhérer à ses normes d'exploitation et d'information financière.

Exemples:

1. La comptabilité garantit que les états financiers sont conformes aux normes comptables internationales pour des rapports externes précis.
2. La finance maintient le respect des réglementations fiscales lors de son expansion sur de nouveaux marchés.
3. La statistique garantie la confidentialité des données et le respect des réglementations en matière de protection des données.

Nature Interdisciplinaire : La collaboration interdisciplinaire entre la statistique, la comptabilité et la finance enrichit le processus décisionnel de l'entreprise X.

Exemple : Dans une décision stratégique en matière de tarification, la finance évalue la rentabilité, la comptabilité analyse les structures de coûts et la statistique modélise l'élasticité des prix pour déterminer les stratégies de tarification optimales.

Le succès de l'entreprise X illustre la relation symbiotique entre la statistique, la comptabilité et la finance. En combinant l'analyse des données, la prise de décision, l'évaluation des risques, la précision numérique, la conformité réglementaire et la collaboration interdisciplinaire, la société X relève les défis et saisit les opportunités dans le paysage mondial du business. L'intégration de ces trois disciplines renforce la capacité de l'entreprise à prendre des décisions éclairées, à optimiser les performances et à maintenir une croissance à long terme.

6.10 Test pour Evaluer les Connaissances du Chapitre 6

1. Quel est le fil conducteur entre la statistique, la comptabilité et la finance ?

    a. Utilisation de ratios financiers

    b. Concentrez-vous sur l'analyse des tendances du marché.

    c. Implication dans les décisions de l'entreprise

    d. Préparation des états financiers

2. Quel domaine s'appuie sur des données numériques pour soutenir les processus de prise de décision ?

    a. Statistiques

    b. Finance

    c. Comptabilité

    d. Tout ce qui précède

3. Quel est l'objectif commun de la statistique, comptabilité et finance dans le contexte du business ?

    a. Maximiser la richesse des actionnaires.

    b. Minimiser les dépenses

    c. Faciliter une prise de décision éclairée.

    d. Réalisation d'analyses économiques.

4. Dans quelle discipline les compétences quantitatives sont-elles essentielles pour analyser les données financières ?

    a. Statistique

    b. Finance

    c. Comptabilité

    d. Commercialisation

5. À quoi contribue la statistique, la comptabilité et la finance dans une organisation ?

    a. Planification stratégique

b. Conformité légale

c. Gestion des ressources humaines

d. Recherche scientifique

6. Quelle est la principale similitude entre la comptabilité et la finance en ce qui concerne la diffusion de l'information ?

a. Les deux produisent des états financiers.

b. Les deux se concentrent sur l'analyse statistique

c. Les deux impliquent des prévisions économiques.

d. Tous deux donnent la priorité aux études de marché.

7. Quelle discipline fait partie intégrante de l'évaluation et de la gestion des risques dans les opérations commerciales ?

a. Statistique

b. Comptabilité

c. Finance

d. Gestion des opérations

8. Quel est l'accent commun mis sur l'utilisation des données dans les domaines de statistique, de la comptabilité et de la finance ?

a. Analyser le comportement des consommateurs.

b. Comprendre les politiques économiques.

c. Assurer l'exactitude et la fiabilité des données.

d. Réalisation d'études de marché.

9. Quelle est la préoccupation commune lorsqu'on considère la valeur temporelle de l'argent en finance et en comptabilité ?

a. Flux de trésorerie actualisés

b. Taux d'inflation

c. Taux d'échange

d. Rotation des stocks

10. Quel est le rôle clé que jouent la statistique, la comptabilité et la finance dans le soutien des objectifs d'une organisation ?

a. Gestion des ressources humaines.

b. Renforcer la responsabilité sociale.

c. Faciliter une prise de décision éclairée.

d. Réaliser des expériences scientifiques.

6.11 Réponse au Test et Explications des Réponses

1. Réponse C

L'implication de la statistique, de la comptabilité et de la finance est courante dans la prise de décisions. En résumé, la statistique, la comptabilité et la finance apporte chacune des perspectives et des outils uniques au processus de prise de décision. La statistique fournis la base analytique, la comptabilité offre des informations financières à évaluer et la finance guide les décisions stratégiques liées aux investissements, à la gestion des risques et à la structure du capital. Ensemble, ces disciplines soutiennent une approche globale pour une prise de décision éclairée et efficace dans le monde des affaires.

2. Réponse D

La statistique, la finance et la comptabilité sont toutes des disciplines qui s'appuient fortement sur des données numériques pour soutenir les processus décisionnels dans divers domaines. Voici comment chacun de ces domaines utilise les données numériques. Dans ces trois domaines, l'utilisation de données numériques améliore la précision, l'objectivité et la capacité à prendre des décisions fondées sur les données. Qu'il s'agisse d'analyser les tendances des données statistiques, d'évaluer la santé financière d'une entreprise par le biais de la comptabilité ou de prendre des décisions d'investissement en finance, le recours aux données numériques est un thème commun qui soutient une analyse rigoureuse et une prise de décision éclairée.

3. Réponse C

Ces disciplines fournissent des informations et des idées qui permettent aux individus et aux organisations de prendre des décisions éclairées. L'objectif commun de la statistique, de la comptabilité et de la finance dans un contexte commercial est de donner aux décideurs les informations et les outils nécessaires pour faire des choix éclairés. Qu'il s'agisse d'analyser des données pour identifier des tendances, d'évaluer les performances financières ou d'évaluer des opportunités d'investissement, ces disciplines apportent des informations précieuses qui améliorent le processus décisionnel au sein des organisations.

4. Réponse B

Les compétences quantitatives sont fondamentales en finance car elles permettent aux professionnels d'analyser des données financières complexes, de modéliser des scénarios financiers, de gérer les risques et de prendre des décisions d'investissement éclairées. Le domaine de la finance est devenu de plus en plus quantitatif, utilisant des modèles mathématiques avancés, des techniques statistiques et des analyses de données pour naviguer dans les complexités des marchés financiers.

5. Réponse A

La statistique, la comptabilité et la finance soutiennent la planification stratégique dans les contextes organisationnels. Leurs contributions aident les organisations à prendre des décisions éclairées, à allouer efficacement les ressources, à évaluer les performances et à gérer les risques, qui sont des éléments cruciaux du processus de planification stratégique.

6. Réponse A

La production d'états financiers est un domaine clé à la croisée de la comptabilité et de la finance. La comptabilité est principalement chargée d'enregistrer et de résumer les transactions financières pour générer ces états, tandis que la finance les utilise comme outils essentiels d'analyse, d'évaluation et de prise de décision. La collaboration entre la comptabilité et la finance garantit que des informations financières précises et pertinentes sont diffusées aux parties prenantes pour une prise de décision éclairée.

7. Réponse C

La finance fait partie intégrante de l'évaluation, de la quantification et de la gestion de divers types de risques dans les opérations commerciales. En comprenant et en atténuant les risques, la finance contribue à la santé et à la stabilité financières globales d'une organisation, en soutenant une croissance durable et une résilience dans un environnement commercial dynamique.

8. Réponse C

L'accent mis sur l'exactitude et la fiabilité des données est un principe partagé dans les domaines de statistique, de la comptabilité et de la finance. L'intégrité des données est fondamentale pour la crédibilité et l'utilité des analyses, des rapports financiers et des processus décisionnels de ces disciplines. L'établissement et le maintien de normes élevées en matière de qualité des données sont essentiels au succès et à l'efficacité des professionnels dans ces domaines.

9. Réponse A

La prise en compte des flux de trésorerie actualisés et de la valeur temporelle de l'argent est une préoccupation commune à la finance et à la comptabilité. Ce concept est fondamental pour diverses analyses financières, décisions d'investissement et mesures comptables, illustrant l'interconnexion de ces disciplines dans le paysage commercial et financier.

10. Réponse C

La statistique, la comptabilité et la finance font partie intégrante de la facilitation d'une prise de décision éclairée au sein des organisations. En fournissant des informations fiables, en effectuant des analyses de données et en évaluant les implications financières, ces disciplines permettent aux décideurs de faire des choix alignés sur les objectifs organisationnels et de contribuer au succès global.

Chapitre 7

Les Défis entre la Statistique, la Comptabilité et la Finance

7.1 Introduction

Dans le réseau complexe des opérations commerciales ou autres, la statistique, la comptabilité et la finance se croisent, présentant des opportunités et des défis pour les organisations. Ce chapitre explorera certains défis liés à l'intégration de ces disciplines et discutera de leur impact sur la réussite organisationnelle. Nous explorerons également comment la collaboration entre la finance, la comptabilité et la statistique améliorent la prise de décision fondée sur les données, favorise une allocation efficace des ressources et inculque la transparence et la responsabilité financière. Chaque discipline est soutenue par des exemples dans les différentes sections des défis, suivis d'une étude de cas illustratif.

7.2 Section 1 : Cohérence et Intégration des Données

Les gestionnaires peuvent être confrontés à des difficultés pour intégrer des données provenant des différentes sources, en particulier lorsqu'ils traitent des ensembles des données vastes et diversifiés. Garantir l'exactitude et la fiabilité des données est essentiel pour prendre des décisions judicieuses[54].

Défi : S'assurer que les données utilisées par les équipes des statisticiens, comptables et financiers sont cohérentes et intégrées pour fournir des informations précises.

Exemple : Les écarts entre les données financières du service comptable et les données de ventes utilisées par l'équipe statistique peuvent conduire à des prévisions inexactes et à des inexactitudes financières.

7.3 Section 2 : Différences d'Interprétation

L'interprétation des résultats statistiques, des états financiers et des données financières complexes peut s'avérer difficile. Les gestionnaires doivent

[54] Callahan, C. M. (2023). Evaluation for decision-making: The practitioner's guide to program evaluation. *In Systems and models for developing programs for the gifted and talented* (pp. 119-142). Routledge.

communiquer efficacement leurs résultats aux parties prenantes ayant différents niveaux de connaissances financières.

Défi : Les différences dans l'interprétation des données entre les professionnels de la statistique, de la comptabilité et de la finance peuvent conduire à des analyses et à des décisions contradictoires.

Exemple : Une analyse statistique indique une corrélation positive entre les dépenses publicitaires et les ventes, tandis que l'équipe financière attribue plutôt une augmentation des ventes à une récente mesure de réduction des coûts.

7.4 Section 3 : Modifications Réglementaires

Les gestionnaires doivent gérer les données, les rapports financiers et les décisions d'investissement avec intégrité et éthique.

Assurer la transparence et le respect des réglementations en vigueur est crucial.

Défi : S'adapter aux cadres réglementaires et aux normes comptables ayant un impact sur les rapports financiers et l'analyse des données.

Exemple : les modifications de la réglementation fiscale peuvent affecter les projections financières et les décisions d'investissement, obligeant les équipes financières et statistiques à réviser leurs modèles et leurs prévisions.

7.5 Section 4 : Disparités dans l'Evaluation des Risques

Pour tirer efficacement parti de ces disciplines, les gestionnaires doivent se tenir au courant des avancées technologiques en matière d'analyse des données, de logiciels de comptabilité et d'outils de gestion financière. Les gestionnaires doivent également souvent trouver un équilibre entre les performances financières à court terme et les objectifs stratégiques à long terme. Une planification financière et une allocation efficace des ressources sont nécessaires pour parvenir à cet équilibre.

Défi : Variabilité dans la manière dont la statistique, la comptabilité et la finance évaluent et gèrent les risques, conduisant à des profils de risque incohérents.

Exemple : L'équipe des statisticiens identifie une forte probabilité de perturbation de la chaîne d'approvisionnement, tandis que l'équipe financière considère différemment l'impact financier de ces perturbations, affectant les stratégies d'atténuation des risques.

7.6 Section 5 : Obstacles à la Communication

L'interprétation des résultats statistiques, des états financiers et des données financières complexes peut s'avérer difficile. Les gestionnaires doivent communiquer efficacement leurs résultats aux parties prenantes ayant différents niveaux de connaissances financières.

Défi : Surmonter les barrières de communication entre les équipes statistiques, comptables et financières pour faciliter une collaboration efficace.

Exemple : Des malentendus entre les équipes comptables et financières concernant la terminologie utilisée dans les rapports financiers peuvent entraver les discussions sur les opportunités d'investissement.

7.7 Résumé du Chapitre

Si l'intégration de la statistique, de la comptabilité et de la finance offre des avantages significatifs, elle présente également des défis uniques que les organisations doivent relever. En reconnaissant et en relevant ces défis, les organisations peuvent favoriser une collaboration efficace, améliorer l'exactitude des données et prendre des décisions plus éclairées qui conduisent à un succès durable.

La statistique, la comptabilité et la finance sont indispensables au succès organisationnel. Si la statistique, la comptabilité et la finance visent à soutenir la prise de décision et la gestion organisationnelle basée sur les données, elles ont des objectifs, des méthodologies et des défis distincts. Relever ces défis et intégrer les atouts de chaque discipline peut conduire à une prise de décision managériale plus complète et plus efficace et à un succès organisationnel en général.

7.8 Cas Illustratif

7.8.1 Décision d'Investissement Complexe

Imaginez une société de développement immobilier, Property Ventures Inc., évaluant un projet d'investissement à grande échelle impliquant la construction de complexes résidentiels. Explorons comment se déroulent les défis :

Cohérence et intégration des données : L'équipe comptable enregistre les coûts de construction différemment de la manière dont l'équipe statistique les catégorise, ce qui entraîne des écarts dans l'analyse des coûts.

Différences d'interprétation : L'analyse de la demande de logements effectuée par l'équipe statistique entre en conflit avec l'interprétation des tendances du marché par l'équipe financière, ce qui entraîne des désaccords sur les bénéfices projetés.

Changements réglementaires : Un changement soudain dans la réglementation de zonage a un impact sur la faisabilité du projet, incitant les équipes financières et statistiques à recalibrer les modèles financiers.

Disparités dans l'évaluation des risques : L'équipe des statisticiens identifie les risques potentiels liés au climat, tandis que l'équipe financière se concentre sur les risques financiers, ce qui entraîne un manque d'alignement dans les stratégies d'atténuation des risques.

Obstacles à la communication : La terminologie financière complexe dans les rapports de projet provoque une confusion entre les équipes comptables et financières lors des discussions sur les options de financement.

Property Ventures Inc. est confrontée à des défis dans la coordination des efforts en matière de statistique, de comptabilité et de finance dans cette étude de cas, illustrant l'importance de relever ces défis pour une prise de décision coordonnée et réussie.

7.9. Test pour Evaluer les Connaissances du Chapitre 7

1. Quel défi est commun à la statistique, à la comptabilité et à la finance lorsqu'il s'agit de traiter des données ?

   a. Sécurité des données

   b. Exactitude et fiabilité des données

   c. Visualisation de données

   d. Normalisation des données

2. À quel défi est fréquemment confronté en comptabilité lié à l'interprétation des états financiers ?

   a. Normes d'information financière inadéquate

   b. Une réglementation fiscale complexe

   c. Difficulté à évaluer la liquidité.

   d. Ambiguïté dans la comptabilisation des revenus

3. En finance, quel est le défi commun associé à la prise de décision en matière d'investissement ?

   a. Manque des compétences en modélisation financière

   b. Difficulté à comprendre les politiques économiques.

   c. Incertitude et risque du marché

   d. Connaissance insuffisante des marchés financiers

4. Quel défi se pose souvent en statistique lors de la réalisation d'enquêtes ou d'expériences ?

   a. Visualisation de données

   b. Biais d'échantillonnage

   c. Normalisation des données

   d. Statistiques descriptives

5. Quel est le défi commun en finance et en comptabilité lié à la conformité réglementaire ?

a. Manque de compétences en modélisation financière

b. Changer les normes comptables.

c. Volatilité du marché

d. Difficulté à évaluer la liquidité.

6. En statistique, quel défi est associé à l'interprétation des résultats statistiques ?

a. Sécurité des données

b. Biais de sélection

c. Modélisation financière

d. Prévisions économiques

7. Quel défi est commun aux trois disciplines en matière d'intégration technologique ?

a. Accès limité aux données financières

b. Difficulté à mettre en œuvre un logiciel statistique.

c. Problèmes de confidentialité des données

d. Suivre le rythme des avancées technologiques.

8. À quel défi le secteur financier est-il souvent confronté en ce qui concerne la gestion des portefeuilles d'investissement ?

a. Manque de compétences en modélisation financière

b. Gestion des risques inadéquate

c. Volatilité du marché

d. Accès limité aux données financières

9. En comptabilité, quel défi est associé à la préparation des états financiers dans un contexte mondial ?

a. Fluctuations des taux de change

b. Difficulté à évaluer la liquidité.

c. Normes d'information financière inadéquates

d. Accès limité aux données financières

10. Quel défis sont partagés par les trois disciplines en matière d'éthique et d'intégrité professionnelles ?

a. Manque de compétences en modélisation financière

b. Normalisation des données

c. Conformité réglementaire

d. Respecter les normes éthiques

7.10 Réponses au Test et Explication des Réponses

1. Réponse B

L'exactitude et la fiabilité des données sont des principes fondamentaux cruciaux dans les disciplines de statistique, de la comptabilité et de la finance. Voici comment chacun de ces domaines souligne l'importance des données précises et fiables :

Statistique :

Validité de l'Analyse

En statistique, la validité de toute analyse ou inférence dépend fortement de l'exactitude et de la fiabilité des données. Des données incorrectes ou peu fiables peuvent conduire à des conclusions incorrectes et à des interprétations erronées.

Nettoyage et Validation des Données

Les statisticiens s'engagent dans des processus rigoureux de nettoyage et de validation des données. Cela implique d'identifier et de corriger les erreurs, les valeurs aberrantes et les incohérences dans les données afin de garantir que les analyses statistiques sont basées sur des informations de haute qualité.

Techniques d'Echantillonnage

Lorsqu'ils travaillent avec des échantillons, les statisticiens soulignent l'importance d'un échantillonnage aléatoire et représentatif pour garantir que les données reflètent fidèlement la population étudiée.

Comptabilité

Rapport Financier

La comptabilité se consacre à produire des états financiers précis et fiables. Les rapports financiers, notamment les bilans, les comptes de résultat et les tableaux de flux de trésorerie, servent des documents essentiels à la prise de décision, et leur exactitude est primordiale.

Contrôles Internes

Les systèmes comptables intègrent des contrôles internes pour garantir l'exactitude des données financières. Ces contrôles contribuent à prévenir les erreurs, les fraudes et les inexactitudes, garantissant ainsi la fiabilité des informations financières présentées.

Audit

Les audits externes et internes sont des pratiques courantes en comptabilité pour vérifier l'exactitude et la fiabilité des états financiers. Des auditeurs indépendants évaluent si les informations financières sont présentées correctment et conformément aux principes comptables.

Finance

Prise de Décision en Matière d'Investissement

En finance, les décideurs s'appuient sur des données financières précises et fiables pour analyser les investissements. L'exactitude des états financiers, des données de marché et des indicateurs économiques est essentielle pour évaluer les opportunités d'investissement.

Modélisation Financière

Les professionnels de la finance utilisent des modèles financiers pour projeter des scénarios futurs et évaluer les implications financières de diverses décisions.

2. Réponse D

L'ambiguïté dans la comptabilisation des revenus est un défi courant en comptabilité et peut poser des difficultés dans l'interprétation des états financiers. La comptabilisation des revenus est un principe comptable essentiel, et une application précise et cohérente est essentielle pour fournir une image claire et transparente de la performance financière d'une entreprise.

3. Réponse C

L'incertitude et le risque des marchés constituent des défis financiers omniprésents, qui ont un impact significatif sur la prise de décision en matière d'investissement. Les marchés financiers sont par nature incertains et soumis à divers risques, et les investisseurs doivent composer avec ces incertitudes pour prendre des décisions éclairées.

Face à ces défis, les investisseurs ont souvent recours à des stratégies de gestion des risques, à la diversification et à une diligence raisonnable approfondie pour prendre des décisions éclairées et constituer des portefeuilles résilients. De plus, rester bien informé des conditions du marché et maintenir une perspective à long terme sont des éléments essentiels pour gérer l'incertitude et les risques du marché.

4. Réponse B

Traiter et minimiser les biais d'échantillonnage est crucial pour garantir la validité et la fiabilité des résultats statistiques. Des méthodes d'échantillonnage rigoureuses, une conception d'étude réfléchie et une conscience des biais potentiels sont essentielles à une recherche statistique de haute qualité.

5. Réponse B

L'évolution des normes comptables pose un défi commun en finance et en comptabilité, notamment en ce qui concerne la conformité réglementaire. Les normes comptables, telles que les Normes internationales d'information financière (IFRS) et les principes comptables généralement reconnus (PCGR), font l'objet de révisions et de mises à jour au fil du temps. Ces changements ont un impact sur la manière dont les entreprises préparent et présentent leurs états financiers.

6. Réponse B

Il est crucial de lutter contre les biais de sélection pour obtenir des résultats statistiques fiables et valides. Les statisticiens et les chercheurs doivent examiner attentivement les sources potentielles de biais des méthodes d'échantillonnage et mettre en œuvre des stratégies pour minimiser ou tenir compte de ces biais dans leurs analyses.

7. Réponse D

Suivre le rythme des progrès technologiques est un défi commun aux disciplines de la statistique, de la comptabilité et de la finance, en particulier lors de l'intégration des nouvelles technologies dans leurs pratiques. L'adoption de nouvelles technologies nécessite une approche proactive d'apprentissage, d'adaptation et d'intégration dans les pratiques existantes pour garantir une efficacité et une pertinence continue dans un paysage en évolution.

8. Réponse C

La volatilité des marchés constitue un défi financier important, notamment en ce qui concerne la gestion des portefeuilles d'investissement. La volatilité du marché fait référence au degré de variation des prix de négociation au fil du temps, ce qui peut avoir un impact profond sur les performances des investissements. Une navigation réussie sur des marchés volatils nécessite une combinaison de planification stratégique, de gestion des risques, d'adaptabilité et d'une approche disciplinée de la prise de décision d'investissement.

9. Réponse A

Les fluctuations des taux de change peuvent poser un défi en matière de comptabilité, en particulier lors de la préparation des états financiers d'entreprises multinationales ou mondiales. Les professionnels comptables doivent gérer avec soin les complexités associées à la conversion des devises, aux stratégies de couverture et au respect des normes comptables pour garantir des rapports financiers précis et transparents.

10. Réponse D

Le respect des normes éthiques est un défi commun pour la statistique, la comptabilité et la finance. Les considérations éthiques sont fondamentales pour maintenir la confiance du public, garantir l'intégrité de la prise de décision et favoriser l'exercice responsable et équitable de ces professions. Un comportement éthique est essentiel pour maintenir la confiance, garantir l'intégrité des analyses et des rapports financiers et contribuer au bien-être général des individus et de la société. Les professionnels de ces disciplines doivent activement relever et surmonter les défis éthiques pour remplir leurs rôles de manière responsable et éthique.

Résumé Général

Les organisations à but lucratif et non lucratif opèrent dans des environnements complexes où une gestion efficace est essentielle pour leur succès. L'utilisation de la statistique, de la comptabilité et de la finance permet à ces organisations de prendre des décisions éclairées, d'améliorer leurs performances et d'atteindre leurs objectifs assignés. En exploitant ces outils, les organisations peuvent relever les défis, capitaliser sur les opportunités et contribuer au bien-être de leurs parties prenantes, que ce soit par profit ou par une noble cause.

La synergie de la statistique, de la comptabilité et de la finance est essentielle à une gestion organisationnelle efficace. Bien que distinctes par l'orientation et les méthodologies de chaque discipline, les trois disciplines se réunissent pour former un puissant trio qui permet aux gestionnaires de prendre des décisions éclairées, d'optimiser l'allocation des ressources et de favoriser le succès à long-terme.

La statistique, en tant que science de l'analyse des données, permet aux gestionnaires de découvrir des modèles, des tendances et des corrélations au sein de vastes ensembles de données, fournissant ainsi des informations précieuses pour la planification stratégique, l'évaluation des risques et les prévisions. Elle facilite la prise de décision fondée sur des données probantes, permettant aux gestionnaires de naviguer en toute confiance dans les complexités et les incertitudes.

La comptabilité comme fondement de l'information financière, garantis un enregistrement et une déclaration précis des transactions financières. Elle donne aux gestionnaires une image claire de la santé financière de l'organisation, leur permettant ainsi d'évaluer les performances, de contrôler les coûts et de respecter les exigences légales et réglementaires.

À l'inverse, la finance adopte une approche plus large en se concentrant sur la planification financière, les décisions d'investissement et la gestion des risques. Elle donne aux gestionnaires les outils nécessaires pour optimiser l'allocation des ressources, lever des capitaux et allouer judicieusement les fonds pour atteindre les objectifs à court et à long terme.

L'intégration transparente de la statistique, de la comptabilité et de la finance permet aux gestionnaires de relever les défis grâce à une approche globale et basée sur les données. De la budgétisation et des rapports financiers à l'analyse des investissements et à l'évaluation des risques, cette synergie permet aux gestionnaires de faire des choix éclairés qui correspondent à la mission et à la vision stratégique de toute organisation.

De plus, ce trio de disciplines est crucial pour les organisations à but lucratif recherchant une croissance et une rentabilité durables et pour les entités à but non lucratif qui s'efforcent de remplir efficacement leurs missions sociales. Les organisations à but non lucratif peuvent utiliser la puissance de la statistique pour évaluer l'efficacité des programmes, la comptabilité pour maintenir la transparence et la responsabilité financière, et la finance pour garantir une gestion responsable des ressources.

Relever les défis, tels que l'intégration des données, la maîtrise technologique et les considérations éthiques, est essentiel pour exploiter tout le potentiel de la statistique, de la comptabilité et de la finance dans la gestion des organisations. En favorisant la collaboration entre les départements, en adoptant les avancées technologiques et en respectant les normes d'éthiques, les managers peuvent exploiter le véritable pouvoir de cette synergie pour favoriser le succès et atteindre l'excellence organisationnelle.

L'intégration transparente et l'utilisation efficace de la statistique, de la comptabilité et de la finance créent une base solide pour une gestion organisationnelle réussie. À mesure que ces disciplines évoluent et s'adaptent à l'évolution du paysage des affaires ou business, les managers qui adoptent cette synergie seront mieux équipés pour relever les défis, capitaliser leurs opportunités et orienter leurs organisations vers une croissance et un impact durable dans un monde toujours plus compétitif.

Références

1. ABC Assembly Inc. (2023). *We Are Electronic*. Retrieved from https://abcassembly.com/

2. Adebiyi, O. O. (2023). Exploring the impact of predictive analytics on accounting and auditing expertise: A Regression analysis of LinkedIn survey data. Available at SSRN 4626506.

3. Agarwal, S. A., Chauhan, N. K. S., & Ravikumar, S. (2024). *Basic Concepts of Research Methodology & Statistics*. Academic Guru Publishing House.

4. Aziz, F. (2023). *Beyond the Ledger: Enhancing Global Sustainability through Data-Driven Accounting Frameworks*. Farooq Aziz.

5. Black, K. (2023). *Business statistics: for contemporary decision making*. John Wiley & Sons.

6. Blye, M. L. (2020). *Reducing the Frequency and Effects of Fraudulent Activities in Community Action Agencies* (Doctoral dissertation, Walden University).

7. Burk, S., & Miner, G. (2023). It's All Analytics, Part III: The Applications of AI, Analytics, and Data Science. CRC Press.

8. Callahan, C. M. (2023). Evaluation for decision-making: The practitioner's guide to program evaluation. In *Systems and models for developing programs for the gifted and talented* (pp. 119-142). Routledge.

9. Cao, S. S., Jiang, W., Lei, L., & Zhou, Q. (2024). Applied AI for finance and accounting: Alternative data and opportunities. *Pacific-Basin Finance Journal*, 102307.

10. Chagadama, J. (2022). *Small Construction Business Owners' Strategies to Reduce Voluntary Employee Turnover* (Doctoral dissertation, Walden University).

11. Dhingra, R. (2022). *The Political Economy of Forced Displacement: Local, National, and International Responses* (Doctoral dissertation, Harvard University).

12. Dicke, L. A., & Ott, J. S. (Eds.). (2023). *Understanding nonprofit organizations: Governance, leadership, and management*. Taylor & Francis.

13. Feng, X. (2024). A Study of Systemic Risk in the Banking Industry. *Highlights in Business, Economics and Management*, *24*, 2416-2422.

14. Financial Statement of 7-Eleven (2014). PSC Annual Report SEC Form Retrieved from http://www.7eleven.com.ph/investors_relation.php?title=Annual+Report

15. International Salvation Council. (2023). *Missions and goals*. Retrieved from https://intersalvation.org/

16. Green, S. B., & Salkind, N. J. (2017). *Using SPSS for Windows and Macintosh: Analyzing and understanding data* (8th ed.). Upper Saddle River, NJ: Pearson

17. Harrou, F., Sun, Y., Hering, A. S., & Madakyaru, M. (2020). *Statistical process monitoring using advanced data-driven and deep learning approaches theory and practical applications*. Elsevier.

18. Huang, Y. C., Han, L. X., & Xie, W. H. (2024, March). Application of Big Data Analysis in Identifying Problems in Financial Reporting of BYD Company. In Modern Economic Management Forum (Vol. 2, No. 1).

19. Hussein, M. Q. S., Saeed, N. A., & Ahmad, G. S. (2023). Financial ratios analysis and companies' liquidity evaluation. *Journal of Global Economics and Business, 4*(14), 60-75.

20. Joshi, P., & India, U. (2023). Role of Financial Reporting Standards in Enhancing Transparency and Accountability: An Empirical Study.

21. JUBI, R. (2024). *Business Analytics-Unleashing Data Driven Decision Making*. NEHAS PUBLICATIONS.

22. Kaplan, D. (2023). *Bayesian statistics for the social sciences.* Guilford Publications

23. Kasim, C., & Lobo, A. C. (2023). *Stockholder's Equity*. Available at SSRN 4511159

24. Kimmel,P.D., Weygandt, J.J., & Kieso, D.E. (2013). Financial accounting: Tools for Business Decision making (7th ed.). Danvers, MA: John Wiley & Sons, Inc.

25. Kimmel, P. D., Weygandt, J. J., Kieso, D. E., Mitchell, J. E., Trenholm, B., Irvine, W., & Burnley, C. D. (2023). *Financial accounting: Tools for business decision making*. John Wiley & Sons.

26. Kolassa, S., Rostami-Tabar, B., & Siemsen, E. (2023). *Demand forecasting for executives and professionals.* CRC Press.

27. Koutoupis, A. G., & Malisiovas, T. (2023). The effects of the internal control system on the risk, profitability, and compliance of the US banking sector: A quantitative approach. *International Journal of Finance & Economics, 28*(2), 1638-1652.

28. Kwok, S., Omran, M., & Yu, P. (Eds.). (2024). *Harnessing Technology for Knowledge Transfer in Accountancy, Auditing, and Finance.* IGI Global.

29. Luamba, D. (2019). Strategies small business owners use to remain sustainable (Doctoral dissertation, Walden University)

30. Luamba, D. S., Blye, M. L., Mwema, I. E. M., Williams, I. A., James, K., & Chagadama, J. (2021). The benefits of innovation for small businesses. *International Journal of Business and Management Research, 9*(4), 425-432.

31. Luamba, D. S., Chagadama, J., Blye, M. L., & James, K. C. The Impacts of Audit Transparency on Increasing Trust in Nonprofit Organizations.

32. Madura, J. (2015). *International financial management* (12th ed.). Stamford: CT: Cengage

33. Major Competitors of 7-Eleven Retrieved from http://www.hoovers.com/competition.7-ELEVEN-INC.

34. Malinowski, M. (2023). Solvency and Debt of Rural Communes vs. Their Residents' Standards of Living: A Polish Case Study. *Agriculture, 13*(12), 2222.

35. Nasim, K. T. (2024). Accounting Practices of NGO: A study on MAX Foundation.

36. Non-Financial Factors for Investing in 7-eleven. Retrieved from

http://www. accountantnextdoor.investment

37. Oh, D. M., & Pyrczak, F. (2023). *Making sense of statistics: A conceptual overview.* Routledge.

38. Raval, V. (2020). *Corporate governance: a pragmatic guide for auditors, directors, investors, and accountants.* CRC Press.

39. Rivera, R. (2020). *Principles of managerial statistics and data science.* John Wiley & Sons.

40. Peng, S. (2024). Registration Level and Nonprofit Foundation Efficiency in China: The Moderating Role of Organizational Income.

41. Privitera, G. J. (2023). *Statistics for the behavioral sciences.* Sage publications.

42. Prasad, S. (2023). Basic Concepts in Research and Data Analysis. In *Elementary Statistical Methods* (pp. 1-36). Singapore: Springer Nature Singapore.

43. Purnaningtyas, K. C. (2023). Analysis of Liquidity, Solvency, and Profitability Ratio to Assess the Financial Performance of PT Hamparan Estate Management in 2018-2020. JOBS (Journal of Business Studies), 9(1), 11-22.

44. Shubbar, H. H. (2023). BANKING RISKS IN THE CONTEXT OF THE FINANCIAL CRISIS 2008. *World Bulletin of Management and Law*, 19, 136-142.

45. Star Light Consulting LLC. (2024). *About Our Firm.* Retrieved from https://gobrightstar.com/.

46. Țîrcovnicu, G. I., & Hațegan, C. D. (2023). Integration of Artificial Intelligence in the Risk Management Process: An Analysis of Opportunities and Challenges. *Journal of Financial Studies, 8*(15), 198-214.

47. TripAdvisor, LLC (2023). *Ashville Hotels.* Retrieved from http://www.tripadviso r.com/hotels-g60742-Ashville_North_Carolina-Hotels.html

48. Turner, P. (2022). *Complementarity in Organizations: Strategy, Leadership, Management, Talent and Engagement in the Fourth Industrial Revolution.* Springer Nature.

49. Zapata-Cardona, L., & Martínez-Castro, C. A. (2023). Statistical modeling in teacher education. *Mathematical Thinking and Learning*, *25*(1), 64-78.

www.ingramcontent.com/pod-product-compliance
Lightning Source LLC
LaVergne TN
LVHW010942051026
849532LV00003B/1089